仕事がもっとうまくいく！

ビジネス言い換え図鑑

おとなの語彙力研究会編

Saiz
彩図社

はじめに

「あの人のプレゼンはいつも参加者が身を乗り出して聞いている」

「あの人からの指摘はいつも自然と聞き入れたくなる」

「あの人に相談すると、不思議とアイデアが引き出される気がする」


あなたの職場や仕事相手に、そういう人はいませんか？　その人がいるだけで議論が活性化し、場の空気が和らぎ、自分のやる気まで奮い立たせてくれる……きっとその人自身もプレイヤーとして能力を発揮していることでしょう。言い換えると、「仕事がうまくいっている」人ということです。


なぜ、あなたはその人の言葉に耳を傾けたくなるのでしょうか？

きっとその理由は、**「相手に信頼感があるから」**だと思います。

「相手は私を傷つけることは言わない」、「相手は私の能力を認めてくれている」、「相手には仕事を遂行する能力がある」と、あなたが相手を信頼しているからこそ言葉を受け入れるのです。


どれだけ難しい言葉を使おうと、巧みな話術を繰り広げようと、信頼していない

相手の言葉は心に響きません。

相手のご機嫌を取るのではなく、ただ相手に対し誠実であること。**誠実なコミュニケーションのために、どのような言葉を選べばよいかを考えること。それが本書の目的です**。

「部下を指導しても言うことを聞いてくれない」「プレゼンで相手の関心を引けない」「チームメンバーのモチベーションが上がらない」という悩みも、言い方ひとつで相手の心を開くことができるかもしれません。

古代ローマの哲学者であり弁論家のキケローはこう述べました。

〝理想の弁論家は知（wisdom）と雄弁（eloquence）を共に備えた者でなければならない。知なき雄弁は国家を滅ぼしかねず、雄弁なき知は無力だ〟

言い方が立派なだけでは仕事で結果を残すことはできません。それと同時に、**どれだけ素晴らしいアイデアを持ち、考えを巡らせても、言い方を間違えてしまうと何も成し遂げることのないままです**。

本書がその「言い方」を強化する一助となれば幸いです。

仕事がもっとうまくいく！　ビジネス言い換え図鑑　もくじ

誰かに何かを頼むときは
心を尽くして丁寧に。
人間関係の基本ですが、
ビジネスにおいては
「信頼」を集めるために
必須のスキルとなります。

1章

お願いする

IIKAE ZUKAN

01

大きな仕事を任せるとき

大事な案件だから、
責任感を持って頼むよ

仕事力UP

**あなただから、
この大事な案件を任せたい**

相手に使命感を与えることで
自らを奮い立たせる原動力にしてもらいます。

今まで自分が取り組んできた仕事よりも大きな仕事を任されることになったとき、あなたならどのように受け取るでしょうか。

意気に感じて高揚する人、冷静に自分の力量と天秤にかける人、話の大きさに圧倒される人……百人いれば百通りの反応があると思います。

この「あなただから」という言葉を使った言い換え表現は、万人に対して使える言葉です。仕事の大きさではなく、**「あなただから」という点に意識を向けさせることで、相手に使命感が芽生えます**。

使命感は人を動かす原動力となるだけではありません。「自分に務まるだろうか」とプレッシャーに感じている相手に対して、太鼓判を押すことで気持ちを上向きにさせる効果も期待できます。

自分だけで考えていては自信が持てないことも、人から「あなたならできる」と言われると不思議とやれる気持ちになるものです。

他にも

- 「○○さんならこれまでの経験があるし、実力を発揮できると思う」
- 「あなたなら心配いらないよ、やってみよう」

IIKAE ZUKAN

02

急ぎの仕事を頼むとき①

今から会議に参加して

仕事力UP

あなたのアイデアがほしいから、今から会議に参加してもらえませんか？

急に相手の時間をもらうときは
「必要性」を説いて納得してもらいます。

会議がどのような規模かにもよりますが、「会議」と名がつくからには1～2分で終わる話ではないでしょう。

そんな場への参加を急に持ちかけるのは、本来であれば相手にとって望ましくはないかもしれません。急なことですから断られる可能性も高いです。

それでも参加してもらいたい人がいるなら、やはり「あなたにしかできないことなんだ」と相手の能力を認めて誠実に頼むのが適切な態度といえます。

相手にも仕事の都合があり、そこには優先順位があります。**優先順位のつけ方は「緊急性」かつ「必要性」で判断することになります**。

「どうしてもあなたが必要だ」と言われれば、悪い気はしないものです。依頼が終わったあとは相手への感謝とリスペクトを忘れずに。

他にも

・「あなたの知恵を貸してほしい」
・「この分野に詳しい○○さんならと思って」
・「頼めるのが○○さんしかいないんだ」

IIKAE ZUKAN

03

急ぎの仕事を頼むとき②

急ぎの仕事があって、
手伝ってくれない？

仕事力UP

あと1日しか時間がなくて、
手が回らないから
手伝ってくれない？

期間が限定されていれば
検討してもらいやすくなります。

「急いでいる」という言葉は主観的です。「急ぎ」というワードから連想される時間は、1時間後かもしれないし、1日後かもしれないし、1週間後かもしれません。

「急ぎの仕事で……」と言われたら、緊急性は伝わりますが、言われた側としては「それを今自分が手伝う必要があるのか？」という疑問が浮かびます。

しかし、「明日までの仕事が終わっていなくて……」ということであれば、「1日くらいなら手伝ってもいいかな」と考える人は少なくありません。

依頼をするときは緊急性と同時に「希少性」をアピールすることで、希望が通りやすくなります。希少性とは言い換えれば、**「限定的であること」**です。

「今回だけ」「1時間だけ」という限定された範囲内ならば譲歩しやすくなりますから、相手が依頼を受けやすくなるような言い方を心がけましょう。

他にも

- 「今日中に終わらせたいんだけど、人手が足りないから手伝ってくれない？」
- 「手分けすれば1時間で終わるから、協力してほしい」
- 「今回だけでいいから、至急お願いしたいんだ」

IIKAE ZUKAN
04

自分の手に余る仕事を手伝ってもらうとき

この仕事、手伝ってくれない？

仕事力UP

あなたの得意分野だと思うから、力を貸してほしい

**仕事の押しつけにならないために
相手をリスペクトする一言を添えて。**

仕事を納期までに完遂できない場合の選択肢は大きく分けると「納期を延ばしてもらう」か、「仕事量を減らす」かの2択です。

前者が難しければ後者の「仕事量を減らす」ことを選びますが、全体量を減らすのは難しい場合が多いでしょう。となると、自分が抱えている量を減らすことになります。

自分の仕事を他の誰かにお願いするときは、単純に仕事を振るときよりも注意を払わなければなりません。単に仕事を分担すると、「仕事を押し付けられた」とも捉えられかねないからです。そう相手に思われた時点で、二度目はないでしょう。

ここでも重要になるのが**「必要性」**です。**相手の能力を具体的に見極め、認めたうえで助けを求めることができれば、相手の自尊心は保たれます**。

また、「手伝って」と言うよりも「力を貸してほしい」と言う方が対等な関係を維持できます。借りた恩を返すことも忘れずに。

他にも

- 「前に手掛けた○○さんのデザインが理想的で、力を貸してほしい」
- 「○○さんが得意なのを見てきたから、その視点を借りたくて」

IIKAE ZUKAN

05

会議で提案する企画を考えてもらいたいとき

今度の会議でする提案、考えておいてね

仕事力UP

今度の提案の件だけど、あなたはどう考えてる？

相手の仕事の進め方を反応から想像し、必要であればサポートを。

上司やチームリーダーから「じゃあ、この仕事やっておいてね」と言われることはしばしばあります。仕事を振る立場としてこのセリフを言ったことがある人も多いかもしれません。

このセリフが悪いわけではありませんが、ベストではないと言えます。

仕事を任せた相手がどのように受け取っているのかを、仕事を振ったタイミングで軽く聞いてみるのです。ここですぐに「○○という案が浮かんでいるので、もう少し掘り下げて検討してみます」とビジョンが浮かんでいるようならそのまま任せていいでしょう。

ところが、「ちょっと難しそうで……まだ何も浮かびませんが頑張ってみます」という答えが返ってきたらどうでしょうか。会議の日までにこまめに様子を確認したり、自分でもアイデアを出す必要が出てくるかもしれません。

仕事は結果を出すだけでなく、円滑に進めることも大切です。結果に至るまでの過程を想像するための、ちょっとしたコミュニケーションの場を1~2分設けてみましょう。仕事を任される側も、あなたを頼もしく感じるはずです。

IIKAE ZUKAN

06

やや無理のある仕事をお願いしたいとき

この仕事、明後日までに
急ぎでお願い！

仕事力UP

この仕事、明日までに
お願いできませんか？

直球頼みだけではなく、
時には変化球を使って攻めてみます。

心理学の用語で**「ドア・イン・ザ・フェイス効果」**という有名なものがあります。最初に大きすぎる要求をあえて提示し、断られた後に、本当の要求を提示するというものです。2つの要求が与える印象の差から、程度の小さいものであれば譲歩して受けてもらいやすくなるという方法で、営業やセールストークでもよく使われています。

今回のシチュエーションにおいて、本当の締切は「明後日」です。ですから、正直な人は「明後日までに急ぎでお願い！」とそのまま頼んだのでしょう。

しかし、承諾してもらう可能性を高めるなら、場合によってはテクニックを用いることも大事です。

「明日までにお願いできないかな？」と伺いを立てて、そのまま受けてもらえたら言うことはありません。**断られたら、「じゃあ明後日ならどうでしょうか？」と、譲歩した条件でもう一度お願いをします**。「それなら……」と受けてくれる人もいるかもしれません。断るという行為は、多くの人にとって罪悪感を伴うものだから、その負い目をなくしたいという心理が働くのです。

IIKAE ZUKAN

07

新入社員に仕事をお願いするとき

簡単にできる仕事だから
大丈夫だよ

仕事力UP

単純に見えるけど大事な仕事
だから、よろしくお願いします

プレッシャーをかけまいという気持ちから
やる気を削ぐ言葉にならないように。

新入社員のうちに任せられる仕事は多くありません。これから経験を積んでいく段階ですから、最初は資料を集めたり、データをまとめたりといった作業を覚えてもらうことが多くなるでしょう。いわゆる単純作業というものです。

突然ですが、**「自己効力感」**という言葉をご存知でしょうか。

自己肯定感と似ていますが、これは**「自分には目標を遂行できる能力がある」という認知のことで、自分は仕事をこなせる、成長していけると考えるための原動力となります**。

仕事の難易度にかかわらず、「あなたにはこの仕事を遂行できる能力があると期待している」という声かけをすることは、社員の育成につながりますし、仕事の精度も上がります。

「簡単な仕事だから」は相手にプレッシャーを与えない配慮があるようでいて、相手のやる気を奪いかねない言葉なのです。

他にも

- 「やることは単純だけど、これもプロの仕事だから」
- 「これでチームのみんなが助かるから、やってもらえるかな」

IIKAE ZUKAN

08

今までに経験の無い仕事をお願いしたいとき

お願いしたい仕事があるんだけど

仕事力UP

仮の話として相談なんだけど

いきなり決定事項として伝えず、
あくまでも「相談」として伝えましょう。

企業としても人としても、新しいことへの挑戦は成長のきっかけとなります。負荷を感じることがあっても、挑むべきだと考える人も少なくありません。

ですが、それを相手に押し付けると反発を招く可能性があることは頭の片隅に置いておくべきでしょう。

それでも相手に任せたい仕事がある。ではどうするかというと、**「依頼」「お願い」ではなく「相談」「お伺い」というていをとりましょう**。

「これは自分からあなたへの命令ではなく、あなたの意見を聞きたい」というスタンスで話を振ってみます。「確定ではないけど、こういう話が上がっていて」「仮になんだけど」という前置きと共に話を持ちかければ、**相手も意見を言いやすくなります**。

そのときに相手の不安や心配事を聞き出せれば、お互いに損をしない話としてまとめる糸口を掴めるかもしれません。

他にも

・「こういう仕事があったとしたら受けたいと思う?」
・「このプロジェクトに加わってほしいって言われたら、参加できそう?」
・「リーダーとしてあなたがふさわしいと思ったんだけど、どうかな?」

IIKAE ZUKAN

09

仕事の準備を指示するとき

取引先に失礼のないように、
徹底的に準備しておいてね！

仕事力UP

取引先からの質問にすぐ
答えられるよう、懸念点を
リストアップしてくれる？

誰が相手でも意図が伝わるよう
具体的な言い回しを心がけましょう。

「ちゃんと」「しっかり」「徹底的に」「早めに」「良い感じに」……つい言ってしまいがちなこれらの言葉ですが、非常に抽象的で相手に伝わりづらい言い回しになっています。この言葉が出てしまうとき、もしかすると自分の中でもやるべき作業が明確にイメージできておらず、相手任せになってしまっているのかもしれません。

実際の打ち合わせを具体的に想像し、「打ち合わせの場における失礼な行為は何か↓仕事の話が進まないこと↓なぜ進まないのか↓問題点がその場で解決できないから↓問題点とは何か↓……」というようにシミュレーションすると、何を準備すべきかが見えてきますね。

仕事の指示は、**数字や作業を定量的に言語化して、誰が聞いても意味がわかる言葉に組み立てましょう**。

他にも

・ちゃんと準備しておいて↓先方からの指示がクリアできているか確認してくれる？
・徹底的にやって↓ここ1年の売上データの推移をいちから見直してもらえる？
・スピード感をもって↓1日で終わるくらいのスピード感で
・絶対遅れないでね↓締切前日の15時に一度確認できる状態に整えておいて

IIKAE ZUKAN

10

難易度の高い仕事を引き受けてもらいたいとき

君のためを思ってのことだから

仕事力UP

もし部署としてもバックアップするとしたらどうだろう？

もう一押しの一言は、
「もしも」を用いた問いかけと共に。

少し難しいが、完遂できれば間違いなく成長につながる。そんな仕事を有望なチームメンバーにぜひ取り組んでもらいたい。そう思って話を振っても意図が伝わらないのか、相手の表情は硬いまま……。そのような場面もあるかもしれません。

もちろん本人の意思をしっかりヒアリングするとして、もう一押しあれば考えてもらえそうなときにどのような言葉をかけるべきでしょうか？

「あなたのためを思って言っているのよ」というのは、すれ違う親子の会話にもよく登場するフレーズで、子どもからすると親の意見を押し付けられているように感じてしまうものです。

そんなときに使いたいのが**「もし○○ならどうか？」という仮定を用いた問いかけです。「イエス・イフ（Yes If）話法」とも言われ、一度断られても相手の要望や意見を聞き出すことで受け入れてもらいやすくなります**。今回のケースにおいては、「難しい仕事だということは承知しているし、あなたの気持ちもわかる。もし部署としても～」という話の続け方になります。

依頼は命令ではなく、対話の果てに成り立つもの。押し付けにならないように上手に相手の心を開く言い方をしてみましょう。

IIKAE ZUKAN

11

一度断られた依頼を なおも受けてもらいたいとき

意見はもっともだ。しかし、
それでは成長につながらないよ

仕事力UP

意見はもっともだ。
そこで、成長につなげてほしいと
私は考えているんだ

相手の意見を受け止めたうえで、
肯定的な表現と共に自分の主張を伝えます。

先ほどのチームメンバーへの説得の続きと考えましょう。相手の意思はなかなか変わらず、責任が重く感じるという理由からやはりためらわれると返答がありました。

ここで重要なのが**「イエス・アンド（Yes And）話法」**です。**「なるほど」と相手の言葉を肯定的に受け止め、会話の流れを変えることなくそのまま自分の意見やメリットを説明する方法です**。

ひと昔前は「イエス・バット（Yes But）話法」が取り上げられることが多くありました。一旦相手の意見を受け止めたうえで、「ですが……」と逆説を用いることで自分の主張をより強調して伝えるという方法です。この方法はたしかに力強い主張ができます。ところが、結局は相手の意見を否定しているともとれるのです。

チームメンバーでも商談相手でも、相手は敵ではありません。信頼関係を築きながらお互いのメリットに着地できる方法を模索しましょう。

他にも

・イエス・ワット（Yes What）話法…「なるほど、他にもご意見はございますか？」
・イエス・ソーザット（Yes So That）話法…「ええ、だからこそこの商品がお勧めなんです」
・イエス・ハウ（Yes How）話法…「なるほど、どのような改善案があればよいでしょうか？」

IIKAE ZUKAN

12

頼まれた仕事を引き受けるとき

はい、わかりました！

仕事力UP

仕方ないですね、今回だけですよ

一度渋めの返事をすることで
「手ごわいやつ」に見せかけます。

イレギュラーですが、この項目では**「依頼を受けたとき」**の言い換えもご紹介します。

基本的に、引き受けるときの選択肢はほとんどないでしょう。「私で良ければ」「微力ながら」といったクッション言葉はありますが、いずれにせよ肯定的な返事しかありません。

そんななかで、一捻りするならば「この人は一筋縄ではいかないな」と相手に思わせることです。心理学で**「ゲイン・ロス効果」**というものがあります。**初めは悪い印象を与えておき、後から良い印象を与えることで、最終的にポジティブな印象に着地しやすいというものです**。わかりやすく言うと「ギャップに惹かれる」ということですね。

最初にやや返事を渋り、悩む姿を見せたうえで「仕方ないですね」と答えると、相手も緊張の糸が切れてホッとすると共に、引き受けてくれたことを恩に感じるはずです。二つ返事で何でも引き受けると〝都合のいい人〟と認識されかねませんから、時にはこういった対応をするときがあってもいいのではないでしょうか。何事もバランスです。

使い時を見極めたうえで活用してみましょう。

IIKAE ZUKAN

13

カジュアルな頼み事をするとき

〇〇のときのデータを貸してくれない？

仕事力UP

資料集めを手伝うから、〇〇のときのデータを貸してくれない？

貸し借りなしの等価交換が理想的です。

気の置けない同僚に、仕事のちょっとしたお願いをする場面は日常茶飯事といってもいいでしょう。持ちつ持たれつですから、きちんと「お願いします」「ありがとう」を伝えられていれば、それでも十分です。

それでももう少し気を使うとしたら、**「代わりの何か」をその場で提案することで、よりわだかまりなくお願いできるかもしれません**。「借りはいつか返す」と思っていても、意外とその機会が来ないこともありますから、できる限り近いタイミングでお返しができるといいですね。

相手に気を使わせないためにも、代わりに提示する仕事は、お願いしたい仕事と同程度の難易度のものにしましょう。簡単すぎても難しすぎても、相手の不満につながったり申し訳なさを抱かせたりしますから、**あくまでも等価交換を原則にしましょう**。

コラム

もし、頑なに他人の仕事を手伝おうとしない同僚がいる場合、2択で聞いてみるのも1つの手です。「資料集めかデータ整理か、どちらか手伝ってもらえない?」と聞いてみれば、しぶしぶでも一方は引き受けてもらえるかもしれません。

単に褒めるだけでなく、
企画書にＯＫを出すときや
お礼を伝えるときなど、
ポジティブな気持ちを
伝えるときに役立つ
フレーズをご紹介します。

2章

褒める

IIKAE ZUKAN

14

チームメンバーの働きぶりを褒めるとき

すごい！　さすがだね

仕事力UP

○○さんの目の付け所にはいつもハッとさせられます

定型文通りの褒め言葉から一歩抜け出しましょう。

褒め言葉を上手に使えば、相手のモチベーションを上げることができます。ところが、**「型どおりの褒め言葉」は残念ながら相手の心に響きません**。それでは褒めたことにならないので注意が必要です。

褒め言葉は、日頃から相手の言動を見て、自分で探すしかありません。褒め上手は観察上手です。

定型的な**「さしすせそ」の相づち**があります。時々であれば効果的ですが、立て続けに使うと上辺だけの言葉と受け取られかねませんので、これらの言葉を連発していないか注意しましょう。

さ：さすが　最高です
し：しっかりしてる　知らなかった　信じられない
す：すごい　すばらしい　素敵
せ：センスがいい　世界一
そ：そうなんだ　そのとおりですね

IIKAE ZUKAN

15

チームメンバーの働きぶりを評価するとき

よかったよ！

仕事力UP

日々の頑張りが伝わってきたよ

その場限りの褒め言葉よりも
継続的な注目が人を伸ばします。

相手の仕事を評価するときは、単に成果を褒めるだけでは少し物足りません。成果を褒めるのはその場に突然現れた人でもできることだからです。

日々仕事を共に行っているチームメンバーや、長く仕事関係にある相手を評価したい場合は**「継続性」**が重要です。日常的に見ている相手の言動や仕事ぶりに基づいた評価をするということです。

日々の業務あっての結果だとわかっているつもりでも、それを口に出して褒めることは少ないのではないかと思います。表れた結果だけを褒めるのではなく、**これまでの仕事と地続きであるからこその結果だと、褒め言葉と共に伝えてみましょう。**

人は注目され、期待されることによってモチベーションを向上させるため、「私はあなたの仕事ぶりに期待している」「日々の細やかな作業に感謝している」などの努力に焦点を当てて評価するといいでしょう。

コラム

ホーソン効果

注目を浴びることで、その期待に応えたいという心理が働き、良い結果をもたらす効果のこと。他人からのポジティブな評価によって行動や結果が変わると期待できます。

IIKAE ZUKAN
16

相手の性質による成果を褒める

仕事力UP

几帳面なんですね

細かいところに
配慮が行き届いていますね

相手の性質だけでなく、
行動と結果を褒めましょう。

相手から何かをしてもらってお礼を伝えるとき、単に「優しいね、ありがとう」と言うのと「励ましてくれてありがとう」と言うのでは、どちらがより相手に謝意の内容が伝わるでしょうか？

相手の性質を褒めるのは難しいものです。「優しい」「几帳面」「しっかりしてる」「マイペースだね」のような**形容詞や名詞を用いて褒めるのは、簡単ではありますが主観的な面もあり、具体的な内容が伝わりにくいというデメリットがあります**。

そこで、相手の性質に感銘を受けた場合でも、**行動や実績に注目して褒める方がいいでしょう**。37ページでも「褒め上手は観察上手」と述べましたが、行動に基づく褒め言葉は相手にとっても「この人は自分の頑張りを見てくれているんだ」と嬉しく感じるものです。

他にも

- 気が利くね→用紙の補充をしてくれていて助かったよ
- 優しい→忙しいのに手伝ってくれてありがとう
- マイペース→焦らず慎重に進めてるね
- しっかりしてるね→お客様への対応が丁寧で頼もしかったよ

IIKAE ZUKAN

17

相手の意見に自分の意見を加えるとき

さらに言うなら……

仕事力UP

今の話で気づいたんだけど……

会話泥棒にならないように、
相手の発言を尊重する言葉を使いましょう。

人と会話しているときにアイデアが浮かぶことはよくあるものです。

会議などで誰かが発言しているときに、「もっとこうすればよくなるのでは？」と思って意見を付け足すことで、さらにブラッシュアップされた案になれば、誰にとってもいい結果になります。

ただし、その時の言い方には注意を払うべきです。**「もっと言うと○○だよね」と言って発言を長く続けてしまうと、相手の意見を封殺し会話を奪っている印象になりかねません。**

あくまでも場の主体は発言者のままで、「今の話で気づいたんだけど、○○という方向はどうだろうか？」と**自分の意見は添える程度にとどめましょう。発言者に「もう少し詳しく伺えますか？」と問われてから発言を続けるとスマートです。**

相手の意見あってのアイデアであるなら、発言者に対する敬意を忘れないようにしましょう。

他にも

・「なるほど、それなら○○にできるかもしれないね」
・「そうすると○○がいいと思うけど、どうかな？」

IIKAE ZUKAN

18

仕事の要領を指導するとき

今教えたことは全部重要だからね

仕事力UP

このポイントだけ押さえられたらOKだよ

相手を不安にさせない程度を見極めましょう。

新入社員や部署異動してきたばかりの人に対して、仕事の全容を一度の説明で理解してもらうのはほぼ不可能です。

それでも最低限の仕事は覚えてもらわないといけないと息巻いて一通り説明をして、最後に「今教えたことだけでも全部押さえて！」と一言。この言葉を言われた側は、どんな表情をしているでしょうか。パンクしそうな頭を何とか回転させて、「わかりました」と答えるのがやっとだと思います。

人に何かを教わる側の立場は決して強くありません。未知のことへの不安と同時に、相手の時間を割いてもらっていることへの申し訳なさが少なからずあります。

教えるときに心がけたいのは、相手がリラックスして情報を受け取れる伝え方です。「今言ったことは全部大事だから、しっかりね！」と言われるのと、**「一度に言われても難しいだろうけど、とりあえずここだけ押さえてもらえたら大丈夫だから」**と言われるのでは、どちらが相手や組織に対して安心感を抱くか一目瞭然です。

教えるときは、教える内容もさることながら、教える相手の状況・心境に配慮した言い方を心がけたいですね。

IIKAE ZUKAN

19

ミスの報告を受けたとき

なんでミスに気づかなかったの？

仕事力UP

よくミスに気づいたね

相手も、ミス自体も責めないで
今後に活かすための声かけをしましょう。

ミスは誰にでも起こるものです。ヒューマンエラーはどれだけ工夫を凝らしても起きてしまうもので、ミスを完全になくすことは不可能に近いと言えます。

職場において重要なのは、「ミスが起こりにくい環境を作ること」ですから、ミスが報告として上がってきたときにそれ自体を悪者にして責め立てることは決してあってはなりません。

ミスの報告を受けたときの第一声がどちらになるかで、職場の雰囲気がわかります。「なんでミスしたの？　途中で気づかなかった？」というセリフは、質問する側は単純に原因究明をしたいだけでも、ミスをした相手の責任を追及しているようにも感じられます。

「報告してくれてありがとう。どうしてミスが起きたのか考えてみようか」という言い方で、相手とミス自体を責めず、それでいて今後はミスが発生しない環境づくりを考えるのが建設的です。

他にも

- 「正直に報告してくれて、あなたへの信頼度はむしろ上がったよ」
- 「言いにくかったよね。正直に伝えてくれて助かった」

IIKAE ZUKAN

20

ミスで落ち込む部下を励ますとき

私もこんな失敗を
よくしたものだよ

仕事力UP

**私も数えきれないほど
失敗をして、
それが今に活きてるよ**

ミスに共感するだけでなく、
さらにそれを乗り越える方法を伝えます。

ミスの規模の大小はあれど、ミスを経験することで成長するのは間違いありません。後から振り返れば笑い話になってしまうこともしばしばあります。

ミスをしたばかりで落ち込んでいる人を責め立てるのは論外ですが、一般的には「自分もそうだった」という共感・自己開示で励ますことが多いでしょう。

共感することで相手の気を紛らわせることはできますが、**もう１つ工夫をするなら「その失敗を自分はこう乗り越えて今がある」と失敗の克服の仕方を伝えることです**。

それを聞いたら、相手は「この人はミスやトラブルへの対応に長けているんだな」と感じることでしょう。**何かトラブルが起きたときに頼れる人だと思ってもらえることが、信頼の証です**。一度信頼してもらえるようになれば、日頃の相談や話し合いにもつながりますので、今後起きうるミスを減らすことにもつながるかもしれません。

ミスの大きさや相手の性格によっては共感のみにとどめておく方が良い場合もありますが、相手がミス自体を消化できている雰囲気があるなら、成長につながる経験を開示するのは効果的です。

ただし、武勇伝のように話し過ぎないように気をつけましょう。あくまでもミスをした相手を励ます場面です。

IIKAE ZUKAN

21

同僚の仕事ぶりを褒めるとき

〇〇さんの報告書っていいよね

仕事力UP

完璧なデータって
こういうことなんですね

“オンリーワン”の相手の能力を探して
シンプルな言葉にして届けましょう。

褒め言葉の難しいところは、下手をすると「上から目線」になってしまうことです。純粋な「すごいな」「見習いたいな」という気持ちから出た言葉でも、言い方を間違えてしまうと上から目線の評価になります。

ポイントは**「あなたには他の人にはない点があって、それを尊敬している」という気持ちを伝えること。オンリーワンであると強調できるとより良いでしょう。**

「丁寧さが資料に表れていて読みやすいです」「会議で先陣を切って発言してくださるので、後に続きやすいです」「〇〇さんの相づちがあるとすごく話しやすいんです」など、**「あなただから」の一言を探して、その恩恵を受けていると伝えましょう。**

それが日常のさりげない行動であればあるほど、相手は自分でそれが長所だと気づいていない場合もあるので、ふとしたところからの褒め言葉にモチベーションが上がるはずです。

他にも

・「〇〇さんのおかげで仕事がスムーズに進みました」
・「〇〇さんはいつもフィードバックが早くて的確なので助かってます」
・「積極的に声をかけてくださるので雰囲気が和みます」

IIKAE ZUKAN
22

仕事のこなし方がスマートな人を褒めるとき

要領がいいですね

仕事力UP

段取りがいいですね

ひょっとすると悪い印象を与えかねない
言葉選びは避けるのが無難です。

一見すると、どちらも言い方としては問題ないように思うかもしれません。

しかし、**「要領がいい」という言い方は受け取る人によって印象が変わる言葉でもあります。フラットに受け止められる人もいれば、「ずるい」というニュアンスを持つ人もいるのではないでしょうか**。

たとえば、「あいつ、嫌なことはうまく避けて、要領がいいよな」という言葉を耳にしたときはどうでしょうか。どこか嫌味な感じを醸し出してしまいます。

もちろん文脈によっては何ら問題の無い言葉ですが、少しでも誤解を避けたいのであれば**単語の使い分けにもこだわるべき**です。

コラム

ネガティブに聞こえがちな言葉の言い換え

- わざわざありがとうございます→「ご配慮いただきありがとうございます」
- 以前お伝えした通り→「きちんとお伝えできておらず失礼しました」
- 参考になりました→「貴重なご意見をありがとうございました」
- センスが独特ですね→「オリジナリティがありますね」
- うらやましいです→「私もそうなりたいです」

IIKAE ZUKAN

23

相手に感想を伝えるとき

面白かったです

仕事力UP

もっと深く知りたくなりました

感想だけでなく、それを受けての
自分のリアクションを伝えます。

企画書を読んで、「これは面白い！」と思ったときにそのまま伝えるのでは、やや感情が薄く感じられるかもしれません。

「面白かったよ」という感情を伝えるよりも、「もっと深く知りたくなった」「続きを読みたくなった」のように、それを受けてのリアクションを伝える方がより胸に迫る感想の伝え方になります。

「面白い」以外に感想が出てこないのであれば、単にあなたの語彙が足りないだけでなく、企画書に心を動かすものが足りていないのかもしれません。**「面白いと感じたけど、もっと良くできるかもしれない」と伝えて、ブラッシュアップする提案も選択肢に入ります**。

小説や漫画に対して「この作品で人生が変わりました」「○○を始めるようになりました」という感想をよく見かけます。作者はとても嬉しく感じるでしょう。自分が表現したもので相手を動かすことができるのは、このうえない喜びを与えるのです。

他にも

- 「私はこういうものを求めていたんだと気づかされました」
- 「こんな魅力があるなんて知りませんでした」

IIKAE ZUKAN

24

目上の相手にお礼を伝えるとき

このたびは本当に
ありがとうございました

仕事力UP

このたびのご厚意に
改めて御礼申し上げます

いつも通りの挨拶から一工夫することで
あなたの心からの謝意が伝わります。

ビジネスシーンにおいて、相手にお礼を伝える場面はたびたび訪れます。1日もお礼を伝えない日はないと言っても過言ではないかもしれません。同僚や気心の知れたメンバーを相手にするなら、飾り気のないシンプルな「ありがとう」という一言が最も相手の心に響きます。謝罪とお礼はシンプルが一番です。

しかし、**いつも「ありがとうございます」と言うだけではマンネリ感が否めません。**過不足のない丁寧なお礼の言葉だからこそ、皆が当たり前に使う表現です。

特に、**目上の人に対してお礼を伝えるときは一段階上の言葉遣いをすることで、あなたという人が信頼に足る人物だと示すことができます。**

直接お礼を伝える際の注意としては、畏まりすぎた表現を使うと違和感が生じる場合があるということです。口頭でお礼を伝える際は「いつもより丁寧さを一段階上げる」という感覚があるといいでしょう。

他にも

・「心より感謝申し上げます」
・「迅速丁寧なご対応をしていただき、お礼の言葉もございません」
・「お心遣い、大変痛み入ります」

IIKAE ZUKAN

25

社外のプロジェクトメンバーにお礼を伝えるとき

頑張ってくださって
ありがとうございました！

仕事力UP

お忙しい中、ご尽力いただき
誠にありがとうございました

あまりにカジュアルな表現は
失礼になることもあります。

自分が携わったプロジェクトが一段落し、共に仕事に取り組んだ相手へのお礼はどのように伝えるべきでしょうか。それが目上の相手だったり、他社のメンバーであればできる限りの礼を尽くしたいものです。

まず、**「何に」お礼を伝えたいのかを明確にしましょう**。時には残業もしながら、時にはアイデアが浮かぶまで何日も時間を割いてくれた相手への労いなら、その頑張りに対しての感謝であるということも一緒に伝えます。

ただし、**「頑張る」という表現は丁寧語にはなっても、そのまま尊敬語に変換することはできません**。ですから「頑張ってくれて」という言い回しも目上の人や社外の人に使うにはカジュアルすぎます。

ここは「ご尽力いただき」「ご支援いただき」「ご労苦に感謝いたします」など、相手の頑張りを別の熟語に言い換えて気持ちを伝えましょう。

他にも

・「お力添えをいただきありがとうございました」

・「困難な局面の際もご奮闘いただき、心から感謝しております」

・「次回のプロジェクトの際も、変わらぬお引き立てを賜りますようお願いします」

IIKAE ZUKAN

26

お世話になった人へお礼を伝えるとき

お世話になりました！

仕事力UP

格別のご高配を賜り
ありがとうございました

相手に対する敬意と感謝を
言葉に込めて。

転職や退職、部署異動、年末の挨拶、プロジェクトの最終日……1年に幾度か訪れる節目の日には、これまでお世話になった方への挨拶が欠かせません。昨今はそうした節目の挨拶は簡潔にメールやチャットなどで済ませることも多いですが、だからこそ〝きちんとした〟挨拶は、相手の印象に残りやすいものです。

よく使われる**「お世話になりました」という挨拶を使うのは、できれば社内の同僚や気心の知れた先輩くらいまでにしておきましょう**。**社外の人や上司に対しては、より感謝と敬意を強めた「ご高配を賜り」「ご厚情を賜り」といった言葉選びをしたいところです**。「ご高配」「ご厚情」は目上の人にのみ用いるとされる単語ですので、相手にも伝えたい謝意が届くはずです。

なお、ここで紹介した言い換えフレーズは、基本的に書き言葉を想定しています。簡潔に、それでも気持ちを強く伝えられる単語です。

お世話になったことへの謝意は、可能であれば対面して直接伝えられるといいですね。その際は具体的なエピソードも一言添えられると、より気持ちが伝わります。

時には「耳の痛いこと」を
言わなければなりません。
企画書へのダメ出しや
仕事の進め方の指導など、
ネガティブなことも
前向きに考えられる
言い方を学びましょう。

3章

指導する

IIKAE ZUKAN

27

物足りない企画書を提出されたとき

この企画書、粗が多いね

仕事力UP

いいね、それともう少し詰められる余地もありそうだね

否定から入らず、
相手のアイデアをさらに引き出す一言を。

「ご確認をお願いします」と差し出された企画書。アイデアとしては悪くなさそうだが考えが甘い点も多く、いまいち練り切れていないな……と感じたときに、提出者に対してどのようなフィードバックをするべきでしょうか。

何事もハッキリと言う人は前者のように「粗が多い」「考えが足りない」と指摘するでしょう。鋭い一言でハッと目が覚めるという相手には有効です。

ですが、自分が考えたアイデアを否定されるのは少なからず傷つくものです。**できれば「イエス・アンド話法」を用いて、「いいね、さらに良くしよう」という話の展開ができると、考え直すにしても相手に前向きに取り組んでもらえます**。

また、否定から入ってしまうと発言者側が答えを考えなければならないパターンも考えられます。「〈発言者〉粗が多いね↓〈相手〉じゃあどうしたらいいでしょうか↓〈発言者〉たとえば△△という案はどうだろうか？」という例です。

これを「〈発言者〉○○の点はもう少し詰められる余地がありそうだね↓〈相手〉では、△△という方向ではどうでしょうか」という展開にできれば、相手のアイデアを引き出すこともできます。

否定ではなく、相手の考えをさらに引き出せる言い方がベストです。

IIKAE ZUKAN

28

まったく見当違いな企画書を提出されたとき

全然ダメだね

仕事力UP

別の方向性で考えてみたら、化けるかもしれないね

相手の心をポッキリ折らないために
次につながる声かけをしたいところです。

残念ながら、見た瞬間に「これは厳しいな」という企画書は存在します。テーマが良くない、ターゲットが絞れていない、予算が十分に検討されていない……悪い点を挙げれば多岐にわたってしまい、「全然ダメだね」と言ってしまいたくなることもあるでしょう。

第一声を全否定で返すのは、対話としてはかなり強いボールです。返し方・受け取り方を間違うと相手の心がポッキリ折れてしまうことも。

その企画がダメでも、相手には引き続き企画を考えてもらわなければいけないわけですから、次の仕事へ向かう気力は残してあげる必要があります。

未来への可能性を含ませながら、できるだけポジティブな言い回しをする。それだけでも相手は気持ちよく次の仕事に進めるはずです。

他にも

・「このままだと難しいけど、まだ何かありそうだな」
・「予算面はもっと厳しく考えた方が、具体的なビジョンが見えてくるよ」
・「類似のテーマを参考にしてみたら新しいアイデアがひらめくかもしれないね」

IIKAE ZUKAN

29

結果が出せない方法を咎めるとき

そのやり方は違うよ

仕事力UP

どういう理由から
その考えに至ったの？

間違っていると思う行動に対しても
まずはヒアリングから始めましょう。

一見すると不可解な言動に見えることでも、相手にとっては理由や背景があっての行動であることも少なくありません。自分がいいと思っているやり方も、前提条件が違えばかえって逆効果になることも考えられます。

その場合、**頭ごなしに否定されたことで反発が大きくなり、こじれなくていい話がこじれてしまうことがあります**。

相手の発言や行動に対していつも否定から入っていると、次第に癖になります。癖になってしまうと矯正するのは容易ではありません。否定しなくてもいいことまで否定していては、損をするのはあなた自身。

同じ場所へ到着するためのルートは1つではありませんから、まずは相手がどのような考えをもってその方法をとっているのか、理解しようとする姿勢を示しましょう。

一流のプロ野球選手は、年下の選手の練習風景を見ながら「その練習はどういう意図なの？」「こういう場面はどういう意識で動いている？」と言葉を交わしています。ディスカッションの良いところは、相手も自分の行動理由を振り替える機会になるということ。**「何のためにこの行動をとるのか」を意識するのは、仕事ができる人に共通する考え方です**。

IIKAE ZUKAN

30

相手の考えが自分と違っているとき

その考えは間違ってるよ

仕事力UP

私はこういう考え方なんだよね

異なる意見を封じ込めるのではなく、
新しいアイデアに昇華しましょう。

百人いれば百通りの意見があるのは当然のことで、意見の対立は珍しいことではありません。ビジネスの場においてはなおさらです。そのとき、否定から入るのか肯定から入るのか、どちらがいいでしょうか？

ドイツの哲学者ヘーゲル（1770~1831年）が提唱した**「弁証法《べんしょうほう》」において、対立する意見は良しとされます**。

とある命題（＝テーゼ）と、それに反する命題（＝アンチテーゼ）の2つが対立によって結びつくことで、テーゼともアンチテーゼとも異なり2つを統合した新たな命題（＝ジンテーゼ）に昇華するという考え方です。専門用語を用いた説明になってしまいましたが、難しい話ではありません。つまり、**相手の考えが自分と異なる場合でも、それを否定し拒否するのではなく意見を交わし合うことで新たな意見が生まれる可能性がある**ということです。

他にも

・「○○さんの言うこともっともだね。でも、△△という可能性もあると思う」
・「もう少し詳しくお話を聞かせていただけますか？」
・「そういう考えもあるんだね。お互いの考えの共通点を探してみない？」

IIKAE ZUKAN

31

頼んでいた仕事を相手が忘れているとき

○○の件、忘れてない？

仕事力UP

○○の件についてはすでに織り込み済みだと思うけど…

相手が忘れていることを前提にしない。

頼んだ仕事の期日が迫ってきているが、どうも作業に取り組んでいる様子が見られない……もしかして忘れているのでは？　そう気づいたときの声のかけ方には気を使うものです。

はっきりと「忘れてない？」と言うと、角が立ちます。頼んだ仕事の重大さにもよりますが、基本的には軽くリマインドするという意識での言葉選びが相応しいと言えます。

また、**相手が必ずしも忘れているとは限りません。ですから「織り込み済みだとは思うんだけど」と相手を立てる言い方をします**。この言い方でしたら、覚えている場合でも軽く受け流すことができます。

重大な案件であれば中間報告日を定めておくなど、お互いが安心できる仕組みを作っておくと良いですね。

他にも

・「そういえば、○○の件ってどうなっていたかな？」
・「○○の件で困っていたりしない？」
・「○○の件、進めてもらっていると思うけど、今どんな感じ？」

IIKAE ZUKAN

32

依頼したものと違うものが届いた場合

これ頼んでません

仕事力UP

○○と
お願いしたつもりでしたが
ご確認いただけますか？

最初から相手を責めることはせず、
一旦こちらが引くのが大人の対応です。

明らかに相手のミスと認められる場合でも、最初からすべて相手の責任として押し付けるのは反発を招きます。相手も自分のミスだと認めていても、嫌な言い方をされるとムッとしてしまうものです。

相手のミスや不手際を指摘する際は、逃げ道を残してあげるとスマートです。「こちらの注文間違いかもしれませんが」「○○とお願いしたつもりですが」とワンクッションを挟んだうえで、あくまでも「確認してもらえますか」とお願いします。「そちらの責任だとは思いますが」といった態度は決して表に出さないことです。

ミスが発生したとき、**不利益を被った側は苛立ちや怒り、悲しみの感情**が芽生えます。それと同時に**ミスをした側は焦り、緊張感、罪悪感などの感情**が芽生えます。**感情と感情をぶつけ合うと余計に事態が悪化しかねません。**冷静な対処を求めるなら、こちらも感情的にならず、一旦引く姿勢を見せて冷静にやり取りを行いましょう。

他にも

- 「お願いした件について少し気になる点があったのですが……」
- 「大きな問題ではないのですが、お耳に入れておきたくて……」
- 「お手数なのですが至急ご確認いただきたいことがございました……」

IIKAE ZUKAN

33

厳しい指摘をしたとき

あなたのためを思って
言ってるのよ

仕事力UP

きつい言い方でごめんなさい。
あなたにはこれからも
期待しています

相手の反発を招いてはせっかくの指導も届かないので、最低限の配慮は必須です。

相手のためを思えばこそ、時には厳しい言葉づかいをもって注意しなければならない時もあります。立場が上になればなるほど、憎まれ役を買って出る必要が生じる場面も増えるものです。

指摘の内容はもっともでも、相手にとっては「怒られている」こと自体がストレスになります。**心が抑圧されたとき、人は反発することで心のバランスを保とうとする傾向があります。そうなるとせっかくの内容も相手に響かない可能性があると心得ておきましょう**。

「あなたを傷つける意図はない」「あなたの人格は否定していない」というメッセージを込めて、「言い方がきつくてごめんね」とクッションになる言葉を添えましょう。

クッション言葉を使う目的は、相手の機嫌を取るためではなく、相手に拒絶されないためです。

他にも

・「さっきは強く言って悪かった。これから一緒に頑張っていこう」
・「つい怒りすぎてしまった。できるところから直していこう」
・「うるさく言ってごめん。受け止めて成長してくれると嬉しい」

IIKAE ZUKAN

34

チームメンバー全体に対して指導するとき

あなたたちは

仕事力UP

私たちは

指導する側も、
当事者意識を忘れてはいけません。

自分が上の立場、あるいは管理側の立場だとして、部下やメンバーたちに指示を出すときに「あなたたちは」と言ってしまいがちです。実際に作業をするのは自分ではなく相手だからという意識があると、つい口をついてしまいます。

たとえそうだとしても、**チームとして仕事を遂行する以上は、自分を含めてチームです**。

指導の際に「あなたたちは」という言い方をすると、「自分はそうじゃないけど」というニュアンスが透けて見えてしまい、メンバーからの不信感につながりかねません。「私たちは」という言い方にするとその懸念点をクリアできるだけでなく、**チームとして一体感を抱かせ、「このリーダーは私たちのことを親身になって考えてくれている」という信頼感・安心感につながります**。

1対1のやりとりでも、同じ仕事に取り組む以上は「私たち」という当事者意識を持つようにしましょう。いたずらに反発を招く言い方をしていないか、自分の言動を時には顧みることも重要です。

IIKAE ZUKAN

35

難しい企画に失敗した相手へ言葉をかけるとき

やっぱり厳しかったですね

仕事力UP

今回の取り組みで得られたことはありますか？

挑戦に対してネガティブな反応はご法度です。

明らかに難しそうな仕事、通常業務を圧迫するほどの仕事……周りから見たら、「やめておいた方がいいのでは」と思う仕事もあります。挑戦なくして進歩なしとは言いますが、組織として挑戦をあたたかく受け入れる余裕がない場合は、周りはやきもきしながら見守ることになるかもしれません。

そうだとしても、**果敢に難敵に挑み失敗した相手に対して「やっぱり」「だと思った」「だから言ったのに」といったネガティブな声かけは、相手との関係に大きなひびを入れることになるでしょう**。組織として一度挑戦を認めた仕事なら、ちゃぶ台をひっくり返すような対応は致命的です。

何より、目に見えるような成果が出なかったとしても、得られるものはあるはずです。**「どうだった？」と振り返りを促しつつ、今後の仕事に活かせる点を見出すことができればポジティブなフィードバックになるでしょう**。

他にも

・「失敗を恐れず挑戦してくれたのは素晴らしいと思う。次はもっとうまくいくといいね」
・「今回の経験で学んだことを次に活かしていこう」
・「私はいいと思ったけど残念だったね。敗因は何だったんだろう？」

IIKAE ZUKAN

36

チームメンバーが取引先を怒らせてしまったとき

先方は大丈夫だった？

仕事力UP

大変だったね。お菓子でも食べる？

取引先のことよりも、
真っ先に身近なチームメンバーの心配を。

会社にとって重要な取引先を、自分たちのミスで怒らせてしまった――。多くのビジネスマンにとって顔色を青くしてしまう、大きな出来事でしょう。

多くの場合は当事者と上司で先方へ謝罪に向かいます。他のチームメンバーは社内にて自分の仕事をしながら、先方ではどういう会話が行われているんだろう……とやきもきして待ちます。そこへ**戻ってきたチームメンバーに対して第一声、「先方は大丈夫だった？」という声かけは、いささか情に欠けると言えるでしょう**。

もちろん仕事をするうえで、取引相手は重要です。しかし、**それ以上に共に働く人は大切です。人は何ものにも代えがたいものです**。

相手からの信頼は、自分から信頼を寄せていなければ返ってきません。最初にチームメンバーの心配を、先方との今後についてはその次に考えましょう。

他にも

・「大丈夫、そんなに落ち込むことないよ」
・「よく頑張ったね。次はきっとうまくいくよ」
・「お疲れさま。美味しいものでも食べに行こう」

IIKAE ZUKAN

37

チームメンバーの仕事が締切を過ぎているとき

まだできないの？

仕事力UP

あとどれくらいでできる？

イライラするような状況でこそ
冷静に状況確認のみにとどめましょう。

質問した当人にとっては純粋な質問のつもりでも、相手には嫌味に聞こえてしまう言葉があります。

否定の疑問文もその1つ。「まだしてないの？」「やる気ないの？」「考えたことないの？」といった尋ね方をされて、素直に聞き入れることができる人は仏の心の広さを持っているのでしょう。

頼んだ仕事が締切に間に合わないと、文句の1つや2つ言いたくもなります。しかし、**ここで一番聞きたいのは「仕事がいつ完了するのか」という1点のみです。焦りや苛立ちといった感情が芽生えそうな場面ほど、客観的な言い回しを心がけるべきです。**

声色も、なるべく柔らかさを意識して、「こういう理由で○日までには間に合わせてほしいんだけど、どう？」と急いでほしい理由も付け加えると客観性が増します。

他にも

・「今の進捗は何パーセントくらい？」
・「デッドラインは○日までなんだけど、間に合いそう？」
・「そろそろ先方に提出したいから、今日のうちに一度確認させてもらってもいいかな？」

IIKAE ZUKAN

38

チーム内の複数人から反対意見が挙がっていることを伝えるとき

チームから反対意見が強くなってきているんだ

仕事力UP

チームの一部から違うやり方の提案が出てきているんだ

まるで全体からの意見であるかのような空気を作る言い方は避けるべきです。

チームメンバーの総人数にもよりますが、２人以上から同じ意見が出てくると声が大きく聞こえてくるものです。また、「この人が言うと意見が通りやすい」という人もいますね。

当然のことながら、メンバー内の一部が言っている意見を、さも「みんな」が言っているかのような伝言をするのは適切ではありません。**ビジネスの場においては多数決で結論を出さず、意見の１つ１つを精査して妥当性によって判断すべきです。**

多数決のような空気にするのが良くない理由は他にも、元々の発言者の立場がなくなってしまうことです。孤立感ほど仕事のやる気を削ぐものはありません。貶《おとし》められているとまで感じさせたら、それ以降のチームとしての仕事はかなり難しくなります。

反対意見はあってしかるべきもの。**検討材料として議論の俎上《そじょう》に載せるのはいいですが、声の大きい人が発したからといって日和見的に流されないようにしましょう。**

他にも

・「こうすれば改善できるんじゃないかって声も上がっているよ」
・「一案として、〇〇の方がいいという意見もあったよ」
・「チーム内では評価が分かれているみたいだね」

IIKAE ZUKAN

39

チームとしての提案が上役会議で通らなかったとき

いやー、かなり手痛く
やられちゃったよ

仕事力UP

内容を練り切れていなかった。
一緒に改善策を考えましょう

悪いニュースを伝えるときは、
感情を排して改善策を重点的に伝えます。

チームで企画した案は、上司の決裁をもってようやく進行できることがほとんどです。チームメンバーで検討を重ね、自信をもって会議に送り出した企画……それが突き返されてしまったという経験はビジネスマンなら一度はあるのではないでしょうか。

多くはチームの代表者が上役会議に参加し、メンバーはその報告を待つことでしょう。戻ってきた代表者の態度から、なんとなく結果は伝わるものです。

メンバー間の関係性にもよりますが、できるなら**「企画をより良くするための案を話し合う」時間を多くとる方がいいですね。会議での反応や雰囲気は必要なもの以外は出席者の方でフィルターにかけ、端的にメンバーへ伝えましょう**。

間違っても「○○の案がけちょんけちょんに言われてさあ」「△△さん、結構ねちねち言ってくるんだよ」と**誰かの評判を下げるような言い方は避けるべきです**。共通の敵を作ることで団結させる方法もありますが、組織内に「敵」を作るのは健全な組織運営の妨げになることがほとんどです。

他にも

・「見積もりが甘かったかも。次はもう少し現実的な路線を考えてみよう」
・「○○を改善すれば通ると思うから、みんなで作戦を練り直そう」

相手から相談を受ける、
自分から相談する。
どちらの場合でも心の奥に
踏み込むことがありますから、
言い方にはより細心の注意を
払いたいですね。

4章

相談する

IIKAE ZUKAN

40

仕事の進め方について相談されたとき

○○したらいいんじゃない？

仕事力UP

どうしてそういう状況になったの？

すぐに答えを提示するよりも、
相手の頭の中の考えを引き出す一言を。

仕事の進め方は十人十色。経験や性格によって効率の良い進め方は変わってきます。ですから、**自分にとっての正解が相手にとっても適切かはわかりません**。

また、**アドバイスを求められてすぐに答えを返すのは、本当に相手のためになるか難しいところです**。

単純なデバイス操作の方法や資料が保管されている場所など、すぐに答えがあるものは別として、相手が正解にたどり着くための手助けをするという方法もあります。

相手がどのような状況に置かれているのか、現時点ではどのような考えがあるのか、懸念点は何なのか……**時に傾聴し、時に問いかけることで相手の考えを誘導することができれば、すぐに答えを返すよりも相手の血肉となることでしょう**。

余裕があれば、自分が話すよりも相手の話を聞きながら、一緒に考える方法をとるのがいいですね。

他にも

- 「まずは何かできることがあるかな?」
- 「改善するにはどうすればいいと思う?」
- 「○○すると思った理由を聞かせてもらってもいい?」

IIKAE ZUKAN

41

苦労を重ねてきた相手の相談を受けたとき

終わったことを悩むより、
切り替えていこう

仕事力UP

そうか、大変な思いを
してきたんだね

話してくれた相手の気持ちを汲んで、
まずは共感を。

男女の揉め事の1つとして槍玉に挙げられがちなのが、**「愚痴に対して共感すべきか否か」**という点ではないでしょうか。男女に関わらず、一般的な人間関係においても当てはまることです。

人によっては「共感したところで何も解決しない」「相談してきているのだから解決策を端的に提示すべき」と考えるでしょう。相談内容によってはそれが効果的に働くこともあります。

しかし、**人間は「感情の生き物」でもあります**。喜び、怒り、不満、恥じらい、そういったものを抱えながら、社会の中で暮らしてきた生き物です。**相手が相談の中に感情を込めているのなら、それは感情で返した方が良い関係を継続できます**。共感することで心が開かれることもありますし、それが結果的に利益につながる可能性を捨てるのはもったいないですね。

理屈で返すのは一通り共感してからでも遅くないでしょう。

他にも

・「せっかく頑張ってきたのに、それは辛かったね」
・「それは嫌な言い方をされたね」

IIKAE ZUKAN

42

大変な環境の中で仕事をやり遂げた人の話を聞くとき

そっか、大変だったね

仕事力UP

忙しいって言ってたのに、大変だったね

話の内容に合わせた相づちで
相手からの信頼感がアップします。

相談の場面において、共感は大切だと1つ前の項目で述べました。それには**上辺だけの言葉ではなく、相手に「この人は私の話を聞き、理解してくれている」と感じさせることが大切です**。

短い会話の中で上手に共感するためのコツの1つは、**相手の言葉を繰り返すこと**です。「仕事が立て込んでいるのに追加で雑用も頼まれて、家では家で家族の体調不良が重なって寝不足続きで……」と相手が話を続けたら、**「そうか、多方面でイレギュラーが起きて大変だったね」と言い換えて繰り返せば、「話を聞いたうえで咀嚼しています」と相手に伝えることができます**。

「そっか、大変だったね」とだけ返すと、「この人、本当に話聞いていているのかな?」「適当に聞き流そうとしているのかな?」と不信感を抱かせます。

大変さに共感するなら「〇〇なのに大変だったね」と一言プラスするといいでしょう。

他にも

・「前から欲しいって言ってたもんね、手に入って嬉しいよね」
・「あの取引先の人、少し言い回しが難しいよね。わかる」
・「あなたの力量なら難しくないだろうけど、時間のやりくりが大変だったんじゃない?」

IIKAE ZUKAN

43

相手からアドバイスをもらったとき

勉強になりました！

仕事力UP

今すぐ試したいです！

アドバイスを受けての
熱意の高さを返事に込めましょう。

相手が自分に対して誠意からアドバイスをくれたとき、どのような対応が気持ちよく受け取ってもらえるでしょうか。

「勉強になります！」という返答が悪いわけではありませんが、**より強い気持ちを込めるなら「今すぐ試したいです！」「明日の朝イチでやってみます！」といった返しをする方が熱量の高さが伝わります**。

的確なアドバイスは人の向上心をくすぐります。暗闇の中の一筋の光のように、進むべき道が見えたら、そこへ向かって歩き出したくなるエネルギーを持っています。それほどまでに心に響いたのだと伝えるのは、言葉ではなく行動に他なりません。

コラム

「頼んでいないアドバイス」への対処法

反対に、それほど響かないアドバイスであれば過剰にお礼を言うのは避けるべきかもしれません。実際に行動に移していない様を見られたときに、気まずい状況を招きます。内容はともかくアドバイスをいただいたことに謝意を述べるなら、その場は「いつも気にかけていただきありがとうございます」くらいにとどめ、後から「あの時のアドバイスが助けになりました」と伝えます。

IIKAE ZUKAN

44

相手からのアドバイスを聞いているとき

なるほど、そうなんですね

仕事力UP

**先ほどの話が
ここで活きてくるんですね**

生返事に聞こえないように
今までの話につなげた相づちを打つと◎。

一言で答えが出る問題もあれば、段階を踏んで説明をすることで答えが導き出される問題もあります。

話が長くなってくると、聞いている側だけでなく話している側も「長くなってきたな」と感じているものです。それと同時に、自分の話が相手に伝わっているかどうか心配にもなってきます。

話し手の不安を解消させる相づちを打つなら、「今までの話も頭に入っていますよ」と折を見て伝えることです。「さっきおっしゃった○○が関わってきますか？」「ここで話がつながるんですね」など、**それまでの会話の一部を引用しながら相づちを打ってみましょう**。

また、話の途中でついていけなくなったときは、話を遮ることを遠慮するよりも「すみません、○○までは理解できたのですがその後が難しくて」など一言挟んだうえできちんと理解する方が後のためになることが多いです。

他にも

- 「先ほど例に挙げた○○のようにすればいいということですね！」
- 「先ほどの○○について、もう少し詳しく伺いたいのですが」

IIKAE ZUKAN

45

相手にアドバイスを求めるとき

うまくいくコツって何ですか?

仕事力UP

大事にしている基本はどんなことですか?

相手が技術を積み重ねるために
要した時間へリスペクトを込めましょう。

コスパ、タイパが重視されるようになってきたこの頃ですが、その考えを嫌がる人もいまだ少なくありません。人それぞれの価値観にゆだねられるところが大きい考え方です。

相手に何かを教わるとき、**いきなり「コツを教えてください！」と尋ねると、手っ取り早くおいしいところだけを掠め取ろうとしているように聞こえる場合があります**。

アドバイスを求めたいほどの相手ですから、その手腕は相当なものでしょう。であれば、その技術を身につけるまでに年月ないし経験を積んできたことと想像されます。その苦労や年月を思えば、リスペクトのない人間には自分の技術を教えたくないという心理が働くことも十分に考えられます。

相手がどのような過程で技術を身につけたのか、その根底にあるものを尋ねることは過程へのリスペクトにも通じます。

他にも

・「いつも心がけていることはなんですか？」
・「上達のために取り組んだことはありますか？」
・「仕事をするうえで参考になった本はありますか？」

IIKAE ZUKAN

46

相手の話を聞き出したいとき

何か悩んでいることはありますか？

仕事力UP

○○さんなら、お悩みなんてないですよね！

あえてツッコミを待つ、
やや高度なテクニックになります。

上司と部下の面談、営業マンから顧客へのセールストークなど、「相手から悩みや情報を引き出したい」という場面があります。

このとき、「何か困ってることはないですか？」とストレートに尋ねるのでは芸がありません。多くの場合は「大丈夫です」「特に思いつきません」という答えが返ってくるでしょう（明確に悩みがあれば切り出してくれるかもしれませんが）。

ここまで言い換えの技術として、「相手の反発を招かないこと」を心がけてきましたが、**〝あえて反発させる〟のも技術の1つです**。

「何もかも絶好調でしょ！」と冗談めかして言われたら、**「いやいや、そんなわけないって！」と言い返したくなるもの。「そうなの？　何か困りごとがあるの？」と話を続けることができれば最初の目的は成功です**。

話が盛り上がらないとき、「質問する→答える→質問する→答える…」というループに陥っていることはありませんか？　一問一答のようで、話が弾んだ感じがしませんよね。

相手が自然と自己開示したくなるよう、質問にも一工夫してみましょう。

IIKAE ZUKAN

47

アドバイスをもらいたいとき（カジュアルに）

このソフトの使い方を教えてください

仕事力UP

このソフトの▲▲の機能って使ったことありますか？

テンポの良い会話を生みだすために
最初は答えやすい質問を。

お互いに会話が弾んでいると、良いコミュニケーションがとれているなと感じるでしょう。**「会話が弾む」をもう少し細分化して考えると、それは短いやりとりがテンポよく交わされる状態と言えます**。どちらかのみが一方的に話し、他方が時々相づちを打っていると、会話の主導権をどちらかが握っている状態です。

会話のスタート地点から「短いやりとりをテンポよく」を意識するためには、**相手が答えにくい・答えが長くならざるを得ない質問は避けましょう**。**イエス・ノーで答えられるクローズドクエスチョンから始めて、答えに応じて自己開示をするか、さらにオープンクエスチョンを続けるかを考えます**。

とはいえ、あくまでこれはカジュアルな会話の場面で活用する方がいいでしょう。固めな雰囲気の場では、一往復だけの手短なやりとりで完結させる方がいい場合もあります。

「この人の話をもっと聞いてみたいな」「フランクに話してみたいな」という人に試みるといいですね。

職場には多様な人が集まります。
目に余る行動をとる人を
咎めるとき、どのように伝えれば
相手に響くでしょうか。
感情的にならずにうまく
伝える方法を紹介します。

5章

注意する

IIKAE ZUKAN

48

批判的な意見が止まらない人に注意するとき

そんな言い方するから
ダメなんじゃないですか?

仕事力UP

あなたはそう感じたんですね

愚痴っぽい人に対しては
否定も賛同もせず、傍観者になりましょう。

何においても文句を言いたがる人がいます。口を開けば誰かの批判、陰口、いちゃもん……。口は禍の元ということわざの通り、そういう人の周りではトラブルが尽きず、さらに不満が溜まるという負のスパイラルに陥っていることも。

そんな話を聞かされる身になると、イライラして「そんなことばかり言ってるからじゃないですか」と言い返したくもなるでしょう。

しかし、**批判的な人に対し真正面からやり合うのはNGです。批判も賛同もせず、あくまで傍観者として事態を見守ります**。「そうですか」「そう思うんですね」と、うまくかわして燃料を追加しないようにしましょう。

プチコラム

・それでも相手に考えを改めてもらいたいなら……？

もし、相手があなたにとって大切な人でコミュニケーションを諦めたくないということであれば、同調せず、毅然とした態度で、率直に自分の気持ちを伝えます。相手の行動を変えようと思わず、「あなたはそういう考え方なんだろうけど、私ならそういう言い方をされたら嫌だな」とただ自分の気持ちを述べるのです。

その場ですぐに改善することは期待せず、長い目で気持ちを伝え続けましょう。

IIKAE ZUKAN

49

相手の不適切な行動を咎めるとき①

仕事力UP

どうしてそんなことするんだ！

どうしたんですか？

否定から入ると相手もヒートアップ
しかねないので、まずは落ち着いて。

社会人としてあまりにも非常識な行動をとっている相手に対し、ついカッとなって口調が強くなってしまった……そういった苦い経験をお持ちの方もいるかもしれません。いかなる理由でも強い口調は避けたいものですが、声を荒げたくなる気持ちはわかる、という人もいるでしょう。

そんなときこそ、一拍置いてから声をかけましょう。**「どうしてそんなことするんだ」というのは、最初から相手に非がある前提の言葉です**。

一見すると非常識な行動でも、理由があるかもしれません。いきなり突き飛ばされたとしても、上からの落下物を避けるためだったとわかれば納得がいきますよね。理由がある行動なのか、最初に尋ねる癖をつけておくと、いざというときに大きな揉め事にならずにすむこともあるでしょう。

まずは「どうしたんですか」「何かあったんですか」と状況説明を求め、それでも不適切な行動なら適切に叱るという手順でも遅くはありませんよ。

他にも

- 「ちょっと待って、どうしたの？」
- 「ごめん、一旦手を止めて話を聞かせてくれる？」

IIKAE ZUKAN

50

相手の不適切な行動を咎めるとき②

どうして○○なんてするんだ！

仕事力UP

○○ではなく、△△という行動をとってほしい

過去の行動よりも、
未来の適切な行動に焦点を当てた指摘を。

先ほどと似たシチュエーションですが、今度は**具体的に理想の行動を示しています**。

このように、**これからの行動に目を向けて言動を振り返る作業のことを「フィードフォワード」と言います**。

似た言葉に「フィードバック」がありますが、これは単に過去の行動に目を向けて反省点を探し出すもの。フィードフォワードは、**過去よりも未来に焦点を当てた注意の仕方**と言えます。

反省は大事ですが、それは今後の行動を変化させるための反省であるべきです。では、どのように変化させるべきなのか？　問題点を理解したうえで、あなたは今後どのような行動をとるべきなのか？

それを考えてもらう、あるいは一緒に考えることが相手の成長につながります。未来志向の考え方が定着すれば、組織全体の成長にも大きく貢献してくれることでしょう。

他にも

・「同じようなミスが続いているようだから、仕事の進め方を変えてみたらどうかな」

・「自分の思い込みで進めずに、必ず確認する工程を挟むようにしたいね」

IIKAE ZUKAN

51

相手の不適切な行動を咎めるとき③

あなたはいつも〇〇するよね

仕事力UP

私はあなたの〇〇という行動を残念に思う

「あなたはいつも」という言い方は
相手への負の暗示になりますので要注意。

いつも相づちがおざなり気味のチームメンバー。それでも仕事を完璧にこなしてくれていればいいが、時々抜けがありフォローに回ることも……。

そのような印象を持っている相手が、またこちらの話に対し「あー、はい」という返事をしたとき、ムッとして「あなたはいつも返事が適当だよね」と言ってしまいかねません。

この**「あなたはいつも○○だよね」という「あなた（You）」を主体とした言い回しは、相手へ暗示をかける行為でもあります**。この場合はマイナスの内容の暗示ですから、**「あなたはこういう人間だ」という決めつけにつながります**。

一度相手の非難を始めると、過去の記憶が芋づる式に引き起こされて「そういえばあのときも」「他の時には目も合わせないで」など、止まらなくなってしまうことも。

相手の人格を咎めるというより、相手の「行動」を咎めるようにしましょう。

他にも

・「言い訳を並べるのはあまり感心できないな」

・「リーダーの指示は聞いていたよね？　勝手に動くのは困るよ」

・「期限を守れないことが続くと、相手の信頼を失いかねないから気を付けてね」

IIKAE ZUKAN

52

相手の不適切な行動を咎めるとき④

人の話は体を向けてちゃんと
聞いてって言ったよね？

仕事力UP

人の話を聞くときの
約束を守ってもらえなくて、
本当に残念だよ

相手を責めるメッセージより、
自分の気持ちを強調したメッセージを。

「あなたは〜」というYｏｕメッセージの代わりに使いたいのが、**「私は〜という気持ちだ」というI（アイ）メッセージ**です。相手の行動を非難するのではなく、それを受けて私がどう感じたかと主体に話す方法です。

アイメッセージ法は、アメリカの臨床心理士トーマス・ゴードン博士が提唱したコミュニケーションの1つです。会話に重きを置き、そのうえで関係性にヒビを入れない方法として提唱されました。

約束を守ってもらえなかったときの「がっかりした」「残念だ」「悲しい」という自分の気持ちを伝えるにとどめて、その先の行動は相手に委ねます。この時点で意図が伝われば、物事は丸く収まりますね。

それでも伝わらない、相手の行動が変わらないときはYｏｕメッセージも使ってコミュニケーションをとる必要があります。

コラム

角を立てないコミュニケーションに便利なアイメッセージですが、会話泥棒にならない注意は必要です。他にも、自慢話や過去の武勇伝語りにならないよう、IとYｏｕは適度に使い分けましょう。

IIKAE ZUKAN

53

報告が遅れたことを咎めるとき

なんでもっと早く報告に来なかったの！

仕事力UP

トラブルがあったのかと心配するから、これからはすぐに連絡してほしい

怒りの感情の奥底にある、不安や心配といった一次感情を伝えましょう。

後輩が初めて1人で取引先との打ち合わせに出かけた日。帰社予定は16時だったが、17時になっても帰社報告がない……。もしや何かトラブルがあったのだろうか？

気を揉んでいると、部下がひょっこり現れて「すみません、別の作業もついでに片づけていたら遅くなりました」と何食わぬ顔で報告に来ました。

自分に余裕がないときにこの状況に陥ると、「何で早く来ないの！」と怒りが勝ってしまうかもしれません。

怒りは、どのような状況でもなるべく相手にぶつけないことが大切です。

怒りというベールを剥がしてみると、根本には「心配」「不安」といった感情があるはずです。**感情をぶつけるにしても、攻撃性の高い鎧は剥がして、純粋な気持ちを伝える方が相手に伝わりやすいです**。

「心配」のベクトルも、「私の他の仕事が進まなくなるじゃないか！」と自分に向けたものではなく、**「あなたに何かあったのではないかと心配になる」と相手に向けるようにしましょう**。心から自分を思ってくれる相手の言葉は何より胸に響くものです。

IIKAE ZUKAN

54

締切に遅れがちな相手を咎めるとき①

仕事力UP

遅れないようにしてください

期限に遅れないようにできますか？

「命令」で終わらせず、
相手が自分から答えを出すための「質問」を。

どちらの言い方も、伝えたいことは「期限を守れ」ということです。

しかし、前者の言い方は「命令」で、後者は「質問」である点が大きな違いです。

命令に対しては反発しやすくなりますが、問いかけに対しては何かしら答えを出そうとするので、一度相手が言葉を受け止めることになります。

また、質問に答えるために発した言葉は、自ら考えて宣言することにもなります。**相手に与えられた行動よりも、自分で考えた行動の方が強く意識に残り、責任を持ってもらいやすくなるという効果が期待できます。**

何においても、人は「他人に無理やりやらされている」と感じることは真剣に取り組みません。命令には反発したくなる人もいます（ビジネスシーンでは好ましくありませんが、現実問題としてあります）。**いかに自分事として考えてもらうか、そのきっかけの1つが「質問」です。**

他にも

- 「なんとか間に合わせられますか？」
- 「今回は〇日までにご提出いただけますか？」
- 「締切厳守でお願いしたいのですが、いかがですか？」

IIKAE ZUKAN
55

締切に遅れがちな相手を咎めるとき②

仕事力UP

どうしていつも遅れるの？

仕事に着手する期限は決めていますか？

改善点をふまえた
問いかけが効果的な場合もあります。

先ほどの問いかけでも改善しない、筋金入りの遅刻魔も中にはいます。どうやら本人も間に合わせたい意識はある様子……となれば、もう一歩踏み込んだ問いかけをすることで改善につながるかもしれません。

今回は「締切に遅れがちな相手」という設定ですので、**「遅れる理由」を考えてみましょう**。なぜ遅れるのか、それは始めるのが遅いからという理由が挙げられます。「仕事は初動が8割」「段取り八分仕事二分」という言葉もある通り、とりあえず手をつけたらほとんど完了したようなもの。クオリティをどこまで上げるかはともかく、完遂することはできるでしょう。

同じ問いかけをしても改善が見られない場合は、思い当たる改善点をふまえた質問をしてみるのも1つです。「どうしてできないの?」「なぜ改善しないの?」と「なぜ」を使った質問は、プレッシャーが強くなり逆効果になりえるので注意が必要です。

他にも

- 「スケジュール管理はいつもどうしてるの?」
- 「これを終わらせるために、具体的にどういうスケジュールで進めたらいいと思う?」
- 「仕事を振り返ってみて、締切に間に合わなかった理由はどこにあったと思う?」

IIKAE ZUKAN
56

相手が単純な作業をミスしたとき

それくらい普通できるでしょ

仕事力UP

他の人を見ると、こういうやり方があるみたいだよ

ミスの程度によっては
「指示」よりも「提案」で柔らかく対応を。

得手不得手は人によって大きく異なります。自分から見れば簡単・単純な作業でも、相手にとっては何か難しいポイントがあるのかもしれません。

相手が何かに手こずっているときは、難易度に関わらず解決策を提示してあげましょう。そのとき、単に「こうすればいいよ」と伝えてもいいですが、**より柔らかく伝えるなら「他の人はこういうふうにやっているみたいだよ」とより客観的な視点を提供します**。

相手へ行動を求めるときの段階には、「命令」→「指示」→「提案」→「相談」というグラデーションがあります。いきなり「命令」や「指示」といった強い口調にならないようにしましょう。

また、「普通」「常識的に」という考え方も人によりますので、不用意に口に出すのは控えた方がいいですね。

他にも

- 「〇〇の手順と似ているようだから、参考になるかな?」
- 「私は〇〇というやり方を先輩に教えてもらってミスを防いでるよ」
- 「この本に書いてあるやり方が参考になるかもしれないよ」

IIKAE ZUKAN

57

相手の仕事が丁寧すぎて時間がかかりすぎているとき

細かいところまでやらなくていいよ

仕事力UP

チームミーティングに使う資料だから、厳密な数字じゃなくていいよ

「何のための」仕事なのかを明確にしたうえで
余計な労力をかけない工夫をしたいですね。

仕事が丁寧なのはいいことです。取引相手に見てもらうための資料であれば、すべて読んでもらえない可能性があっても、細部まで配慮が行き届いたものを作成した方が取引相手からの印象も良くなります。

それと同時に、時間は有限です。**期日に遅れるが100%の仕上がりの仕事と、期日に間に合って70%の仕事であれば、後者の方が評価されます。**

相手の性格にもよりますが、細かいところまで目が行き届く人は几帳面なタイプが多いです。その場合は「不足があったら迷惑をかけるかもしれない」という不安からその行動をとっていたり、過去に似たような失敗をした経験があるかもしれません。であれば、その不安に気づき取り除いてあげられるといいですね。

どんな仕事であっても、それが何のための仕事なのかを伝えると無駄が少なくなります。

他にも

- 「ユーザーはそこまで気にしないから、完璧な仕上がりじゃなくても大丈夫だよ」
- 「規模感を把握するための見積もりだから、ざっくりで大丈夫だよ」
- 「『巧遅《こうち》は拙速《せっそく》に如かず』と言うし、あまり時間をかけずにやってみてほしい」

IIKAE ZUKAN

58

何かと人のせいにしがちな相手に注意するとき

何もかも人のせいにしたらいけないよ

仕事力UP

私たちの方で変えられるものはないかな?

問題点があるのなら、こちらでできることを提案するのも１つの手です。

うまくいかないことを他人のせいにしてしまう「他責」の人の話は、聞いている側も疲れてしまうことがあります。「あの人があんな発言するから面倒なことになって」「自分がうまくいかないのは組織がダメだから」など、たまに愚痴を聞くならいいですが、何につけても誰かの批判をしていると「そんな風に人のせいにしたらダメだよ」と言いたくもなります。

「他人」と「過去」は自分のコントロールの埒外《らちがい》にあります。一方、「自分」と「未来」は自分に舵取りが任されています。**他責発言をしている人がいるということは、そこには何らかの問題があるということですから、問題点を自分たちで解決できればその他責発言はなくなりますね**。であれば、その人も巻き込んで、自分たちで問題を解決してみましょう。

「自分の力で未来を変えられた」という経験は成長につながりますから、未来を見据える方向で相手の視点を変える試みをしてみるといいですね。

他にも

・「仮に自分たちにも原因があるとしたら、どんなところかな?」
・「問題点があるようなら、一緒にリーダーに相談してみようよ」

IIKAE ZUKAN

59

イライラしている相手をなだめるとき

一旦落ち着こうよ

仕事力UP

だいぶ怒ってるみたいだね

言葉ではなく、感情のみに共感することで
相手の気持ちを落ち着かせます。

原因はわからないが、隣の席の人がどうもイライラしている……。他責傾向のある人と同様に、イライラを表に出している人がいると全体の空気も悪くなるので、好ましくありません。

そんな相手に「ねえ、何をイライラしてるのか知らないけど、一旦落ち着いてよ」という言い方は火に油を注いでしまうかもしれません。少なくとも解決にはならないでしょう。

相手も感情を抑えきれないため、イライラが滲《にじ》み出ているのです。であれば、**その場では感情を一回吐き出させた方がいい**ですね。イライラの内容には共感できなくても、イライラしているという感情には共感できます。**相手の言葉をなぞるだけでも、相手が「自分を認められた」という気持ちになればOKです**。より相手の気分を上げるなら、話のメモをとる姿勢を見せます（インタビュー効果）。

冷静な意見は、相手が落ち着いたときに伝えましょう。

他にも

イライラした相手の話を聞くのが億劫なときは、上司にパスしましょう。「○○さんの気持ちが荒れているようで、話を聞いてあげてもらえませんか」といった形でお願いしましょう。

IIKAE ZUKAN

60

相手がとても失礼な発言をしたとき

いい加減にしてください！

仕事力UP

ご冗談がお上手ですね

口元だけはニッコリと笑いながら
相手に釘を刺しましょう。

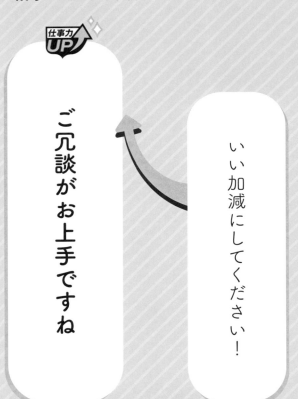

社内の人、社外の人を問わず、残念ながらデリカシーに欠ける人は存在します。プライベートな話を無遠慮に聞いてきたり、自分の価値観にそぐわない人を配慮なしにからかったりする行為を見かけたら気分が良いものではありません。

失礼な相手を注意するのは意外と難しいです。相手が悪意を持っているならわかりやすいのですが、悪意なく失礼な人もいます。**そんな相手に対して感情的に「いい加減にしてください！」「やめてください！」と怒ると、声を荒げた方が悪者にされるケースもあります**。

ですから、**あくまで感情的になるのは抑えて、「ご冗談がお上手ですね」と冷静に伝える**のが最初のリアクションとしてはちょうどいいかもしれません。それで相手が気づけば、それでよし、です。それでも伝わらないようでしたら「その言い方、傷つきますよ」「そのお話はやめて、別の話題にしませんか」と話題の切り替えを提案してみましょう。

そこまでしても失礼な発言を続ける場合は悪意がありますので、味方になってくれそうな上司や立場が上の人に相談することを考えてください。1対1で向き合うと疲労するばかりなので、周りを巻き込みましょう。

条件に折り合いがつかず
依頼を断る場面は多いです。
断り方ひとつで今後の関係が
大きく変化しますから、
「断り」のバリエーションを
多く持っておきたいですね。

6章

断る

IIKAE ZUKAN

61

頼まれごとをやむなく断るとき

興味はあるんですけど
今回はちょっと…

仕事力UP

かえってご迷惑を
おかけするといけませんので、
辞退させていただきます

後ろ髪を引かれる依頼内容だとしても、
引き際は、きっぱりと。

仕事を頼まれても、どうしてもできないことはあります。自分の技量が頼まれた内容と見合っていないときに下手に引き受けると、むしろ相手の迷惑になることも。このような総合的な判断をしたうえで、引き受けるかどうかを決めるべきでしょう。

断るときは、断る意思をきちんと見せることが大切です。「興味はあるんですが」「できなくもないと思いますけど」という煮え切らない返事だと、頼んだ側としても「できるの？　できないの？　どっち？」と迷ってしまいます。**できないならできないで相手も対応を変えなければならないので、きちんと「辞退させてください」と言葉にして伝えましょう**。

「かえってご迷惑をおかけするといけませんので」という断り方は「本当は受けたい気持ちもありますが……」というニュアンスを含むので、キャパシティの問題ではなく厄介そうな仕事をやんわり断るときにも活用できます。

他にも

- 「頼られがいのないことで、お恥ずかしいのですが……」
- 「身に余るお話ですが、お受けできかねます」
- 「若輩者の私には荷が重く、申し訳ありません」

IIKAE ZUKAN

62

頼まれた仕事を角を立てずに断るとき

今はちょっと難しいですね…

仕事力UP

1週間前におっしゃっていただけたら…

過去に条件をつけることで
「仕方なく断っている」と思ってもらいます。

キャパシティの問題ではなく、単純に気乗りしない仕事もあります。興味のある仕事ならどれだけ忙しくても引き受けますが、そうでなければ何かしら理由をつけて断りたいところです。

はっきりと「できない」と言うのも1つですが、**心理的譲歩を見せたいなら「条件」をつけて断るのも1つの手です**。

「もっと前に言ってくれたらできたんだけど」という言い方で、**「あなたの依頼を断りたいわけではないですよ」「タイミングさえ合えば引き受けますよ」という心の距離感を提示できます**。そのうえで、残念ながら今はできない、という結論を伝えるわけです。

ただし、このときの条件は過去に設定しましょう。「来週だったらできますが……」と未来に設定すると、「じゃあそれでいいからお願いね！」となりかねないからです。

本当に断るなら、未来の可能性は断つようにしましょう。

他にも

・「もう少しお早めにご連絡いただけていれば、ご希望に沿えたかもしれないのですが…」

・「先月であればよかったのですが、あいにく今は立て込んでおりまして…」

・「現状ではお引き受けするのが難しいので、また機会がございましたら…」

IIKAE ZUKAN

63

取引先からの無茶な依頼を断るとき

それはちょっと
難しいと言いますか…

仕事力UP

ご希望に添えず恐縮ですが、
いたしかねます

言葉は丁寧に、だけど意思はハッキリと。

懇意にしている取引先が相手だとしても、何でも言うことを聞かなければならないわけではありません。

どれだけ交渉を重ねて企業努力をしても、条件面で譲れないところがあるならば引き受けないことが会社のためになることもあります。できないものはできない、仕方のないことです。

あとは伝え方の問題です。「できません」と言うのは言葉の選び方として否定のニュアンスが強くなるので、**「いたしかねます」という言葉に相手への気づかいを込めましょう**。

また、**取引先の依頼を断る際は、「また別の形でお役に立てたら」といった次につながる言葉を繋げられるといいですね**。今回限りの相手なのか、今後もお付き合いをしていきたい相手なのかによって選ぶ言葉を考えてみましょう。

他にも

「いたしかねます」の前につけたいクッション言葉

- 「検討を重ねてまいりましたが」
- 「誠に申し訳ありませんが」など

IIKAE ZUKAN

64

不手際から取引先に迷惑をかけてしまったとき

大変申し訳ありません

仕事力UP

今回の件を厳粛に受け止め、猛省しております

謝意をすべて言葉で表すのは難しいですが、最大限の言葉選びで誠意を伝えましょう。

このフレーズは謝罪であり「断る」とは少し異なりますが、「申し訳ない」という気持ちの表現方法の1つとしてご紹介します。

謝罪の言葉としての「申し訳ありません」は第一声としては問題ないでしょう。**謝るときは「迅速に」「端的に」「責任をもって」が原則です。**

しかし、今回の相手は社内のメンバーではなく取引相手。ビジネスにおいて大事なパートナーです。**謝罪の気持ちを真摯に伝えるために、一段階上の言葉選びができて損はありません。**日常的には用いないような言葉を調べてみたり、昔の謝罪会見の動画を見てみると表現のヒントが見つかることも。付け焼刃では対応が難しいので、日頃から語彙を磨く必要があります。

まず、自分たちが今回のミスについてどのような考えでいるのか。そして、今後は相手に対してどのような対応をしていくつもりなのかを併せて伝えましょう。

他にも

・「配慮が足りず、ご迷惑をおかけいたしました」
・「すでにチーム内で改善策を検討し、共有しております」
・「このたび多大なるご迷惑をおかけしたことを深謝いたします」

IIKAE ZUKAN

65

食事の誘いを断るとき

すみません、どうしても
外せない先約があって

仕事力UP

次の機会はぜひご一緒したい
ので、また誘ってください

**前向きな気持ちで断るなら、
理由よりも「次」の話を。**

本当は行きたいけど、やむを得ず断るときの言い方です。「行きたくないわけではない」という気持ちが強いばかりに、「先約があって」と理由を添えて断る人もいるでしょう。

しかし、**行きたい気持ちがあるなら断る理由よりも、「次」の話をする方が、相手もまた誘っていいんだと安心して声をかけることができます**。

具体的に代わりの日程を提案するもよし、食べたいものを伝えるもよしです。未来に視点を向ける方が、ポジティブなやり取りになります。

なお、食事ではなく「本当はやりたい仕事」の依頼を他の仕事の都合で断る際は、理由をきちんと伝える方がいいでしょう。食事であれば行きたいかどうか、日程の都合がつくかの2点を考えればいいだけですが、仕事は予算や納期など様々な要素が判断基準になるため、相手を変に悩ませずにすみます。

他にも

- 「今度はぜひお話を伺いたいです」
- 「今回は都合がつかず残念です。またいつか行きましょう」
- 「また声をかけていただけるのを待っています」

食事の誘いを断るとき②

生憎と都合が悪くて……

仕事力UP

30分だけでよろしければ参加させてください

厳しめの条件を付けることで
相手に判断を委ねる方法もあります。

これは、「行きたい気持ちはあるけど都合がつかない」場合にも「本当は気乗りしないけど条件次第では行ってもいい」場合にも、どちらにも使える言い方です。

まず、**本当に都合がつかないけど行きたい気持ちはあるという場合、「無理を押してでも来てくれたんだな」と思わせられます**。

一方で本当は気乗りしない場合、「この条件でよければ行くけれど、そうじゃなければ無理」という意思表示もできます。**その先は相手に委ねることができますので、結果として行けなくても角が立ちません**。

仕事の依頼に関しても、無理に引き受けるのはかえって相手に迷惑をかける恐れがあります。「こういう条件ならできる」とはっきり伝えてもらう方が、相手も検討しやすくなりますね。

条件付きの承諾は、意外と便利に使えるのでいざというときに活用しましょう。

他にも

- 「明日までにすべては無理ですが、3分の1ならお手伝いできます」
- 「今回は無理ですが、次回困ったときなら」
- 「今回は無理ですが、応援しています」…代替案が提示できないなら前向きな言葉で締めます。

IIKAE ZUKAN

67

食事の誘いを断るとき③

どうしても仕事があって
難しいかもしれないです

仕事力UP

ごめんなさい、行けません。
でも誘ってくれてありがとう

きっぱりとお断りを入れた後は
前向きな言葉でフォローを入れます。

まったく行く気がない、乗り気がしないお誘いであれば、きっぱりと完全に断るのも大人の対応です。

理由も、代替案も、条件も、何もつけません。ただ「できない」ことだけ伝えましょう。可能性は微塵も残してはいけません。揺らいだ態度をとると相手も混乱してしまいます。

ですが、断り文句だけだと嫌な言い方に聞こえてしまうときも。そうならないように、**「誘ってくれてありがとう」というポジティブな言葉で締めましょう**。「お気持ちは嬉しかったです」などの言い方もあります。よほどの相手でなければその時点で察してくれるはず。

「あとよし言葉」という、発した言葉の印象は最後の言葉で決まるという表現があります。注意をしたり断りを入れたりというネガティブな話のときに使えるテクニックですので、上手に活用しましょう。

他にも

・「すみません、お気持ちだけ頂戴します。お誘いありがとうございました」
・「せっかくのお誘いですが欠席させてください。お心遣いありがとうございました」

IIKAE ZUKAN

68

急な用事で約束をキャンセルするとき

すみません、急な用事ができたので行けなくなりました

仕事力UP

急な差し支えがございまして、申し訳ありません

相手を軽んじているように聞こえないよう、
いつもより丁寧に。

一度約束した以上は、先約を優先してスケジューリングするのが筋というものです。ですが、事の大きさによっては先約を断らなければならないこともあります。その際はいつもの誘いを断るときよりも、さらに礼儀を重んじる必要が生じます。**言葉を尽くして自らの非礼を詫び、誠実に伝えます**。

「急な用事ができたので」だと、日常遣いの言葉に近いので少し軽く聞こえてしまいそうです。

また、**「用事」という言葉選びだと、「自分との約束より優先させるんだ」「自分はないがしろにされた」と思わせてしまう可能性があるので、「差し支え」などの言い換え表現を使いましょう**。差し支えとは、物事を行うにあたって不都合な問題のことを意味します。はっきりと用事とは言わずとも、「何かあったんだな」と思わせることができます。

自分の都合でのキャンセルは、少し大げさなくらいに謝罪の態度を示しましょう。

他にも

- 「やむをえない事情がございまして、本日は欠席させていただけないでしょうか」
- 「急遽トラブルが発生し、対応に当たらなければならない状態です」

IIKAE ZUKAN

69

相手の意見に反対するとき

仕事力UP

もう少し議論しませんか？

その意見には賛成できませんね

正面を切って「反対」と言わず、
意見をすり合わせる作業を提案します。

反対意見があるにもかかわらず、会議がこじれることを恐れて何も言わないまま決定していく案を見送った経験は誰しも一度はあるかもしれません。

納得がいかないまま決定すると、いつまでも気持ちがすっきりしなかったり、後から「やっぱり……」と決定を覆したくなったりと、余計に事がこじれる原因にもなりえます。特に後から「やっぱり」と覆すのは誰にとっても良くないことです。

しかし、**「賛成できません！」という言い方は相手を否定することであり、圧を感じます。真正面からぶつかるよりも、「賛成できない」→「もう少し話し合いたい」と言い方を変えて提案してみるとどうでしょうか。**

話し合うことは相手の否定ではなく、お互いの意見をすり合わせながら新たな結論へたどり着くための過程です。**相手の考えをより深く知り、自分の考えもさらに知ってもらうという関係性を築く道のりです。**

その気持ちも一緒に伝われば、納得のいく結論にたどり着けるでしょう。

他にも

・「大筋ではそうかもしれませんが、違う方向性も検討したいです」
・「一度、違う視点から考えてみませんか？」

IIKAE ZUKAN

70

趣旨が伝わりづらい企画書を戻すとき

ちょっと抽象的だね

仕事力UP

なるほどね、具体的にはどう言えるだろうか

相手に伝わらないような言葉選びは避け、
考えを言語化するヒントを投げかけます。

自分なりに考えて提出した企画書を、「なんかぼんやりしてるなぁ……」と言われ差し戻された経験はあるでしょうか。

「ぼんやりしている」という表現そのものが非常にぼんやりとして、言うなれば抽象的な言い方です。指摘する側が考えを言語化できていないことが原因の1つとして考えられますが、同様に**提出した方も具体的なところまで考えが及んでいない可能性もあります**。

ここでも、問いかけによって相手の考えを引き出す言い方が効果的です。**自分もそう言いながら考えているように見せて、相手のさらなる思考の展開を促します**。発案者は相手ですから、本人の頭の中から気づきを引っ張り出す方が企画の純度も高まるといえます。

ダメな企画書をそのまま「ダメだ」と戻すのではなく、次につながる言葉と共に戻しましょう。

他にも

・「何をきっかけに思いついた企画だったの？」
・「概要はいいと思うから、もう少し詳しく説明してほしいな」

IIKAE ZUKAN

71

相手の厚意を断るとき

どうぞお構いなく

仕事力UP

ありがとうございます。
ご心配には及びません

相手の気持ちも汲んだうえで
丁重なお断りを。

相手からの厚意をすべてそのままありがたく受け取れるかというと、そうではないこともありますね。タイミングが悪いというのではなく、いわゆる「おせっかい」「ありがた迷惑」といった類のものです。

相手が良かれと思ってしてくれている行動なのは理解できても、受け取らない方がいいことがあります。

「どうぞお構いなく」というのは、相手の厚意を断る際の常套句です。使われ続けた言葉だからこそ、**その一言だけで断ってしまうとそっけなさが強くなります**。また、相手によっては厚意を無下にされたと感じて「せっかく心配しているのに！」とマイナスな感情を芽生えさせてしまい、余計なトラブルになることも……。

「良かれと思って」というタイプにこそ、まずは感謝です。親切にしたいという気持ちにだけ感謝して、「それ以上は結構ですよ」と柔らかい言葉で伝えましょう。

他にも

・「困ったときは手助けをお願いします」
・「一度は自分で頑張りたいので」
・「いつも十分よくしていただいているので、今回はお気持ちだけいただきます」

IIKAE ZUKAN

72

言いがかりのような
クレームをつけられたとき

申し訳ございません、
すぐに対応させていただきます

仕事力UP

ご不便をおかけして
申し訳ありません、詳しく
状況をお聞かせ願えますか？

全面的な謝罪と対応は
話を聞いた後から考えます。

相手から激しい剣幕で言葉を浴びせられると、なんとか事を収めたいという心理が働いてすぐに謝罪の言葉を口にしてしまうかもしれませんが、これはできれば避けたい対応です。

まず、「何に謝るべきか」がわからない状況で全面的に謝罪すると、相手の要求がエスカレートしかねません。ですから**「相手が不快な思いをしている」ことにのみ詫びを入れて、状況を詳しくヒアリングしましょう**。相手の発言内容が事実なのか、事実だとしたらその落ち度はこちら側にあるのか。ここまで聞いたうえで、言いがかりだと判断したら「誠に恐れ入りますが、そのようなご要望にはお応えできません」と、**毅然とした態度で冷静に伝え、会話を終えましょう**。

常識的なクレームには真摯に対応すべきですが、謝らなくていい場面で謝るとトラブルの元です。大声を出す相手にこそ、冷静な対応を心がけましょう。

他にも

- 暴言が酷い相手には…「それ以上暴言をおっしゃるのでしたら、対応いたしかねます」
- 理不尽な要望には…「恐れ入りますが、そのようなご要望にはお応えできません」
- 支離滅裂な発言には…「ご事情はお察ししますが、当社ではご期待に沿うことはできません」

雑談の場で距離が縮まる
ことも多々あります。
仕事以外の話で相手の
懐に飛び込むことができれば
仕事でも優位に働く…かも？

7章

コミュニケーションをとる

IIKAE ZUKAN

73

会社の同僚からの食事・飲み会の誘いを快諾するとき

いいですよ

仕事力UP

大歓迎です

「いいよ」だけでは味気ないので
言葉を飾って快諾しましょう。

会社の同僚との距離感はどの程度が適切なのか……頭を悩ます人が多いテーマです。腹を割って話せる仲であればこそ仕事がうまくいくと考える人、ほどほどのコミュニケーションはとりたい人、仕事上の最低限の付き合いだけでいい人、様々です。

もしあなたが、**同僚とのコミュニケーションをいとわないのであれば、お誘いへの返事の言葉にも少しの工夫をこらしてみるといいですね。**

「いいですよ」という承諾の言葉は、聞き手によっては不安を覚えるかもしれません。満面の笑みで声色も明るく伝えていれば問題ありませんが、フラットなトーンで答えていたら「本当は嫌だけど気を使ってくれたのかな?」「手短に済ませた方がいいかな?」と相手に気を使わせることになるでしょう。

あなたが相手との距離を縮めたいと思っているのなら、一言でその気持ちが伝わるように「大歓迎です!」「お誘い嬉しいです」などの言葉を伝えてみましょう。

他にも

- 「私も○○さんと飲みに行きたいと思ってました!」
- 「お店はこちらから提案してもいいですか? 一緒に行きたいお店があって」
- 「今から楽しみです!」

IIKAE ZUKAN

74

相手と距離感を縮めたいとき

お酒好きなんですね

仕事力UP

お酒好きなんですね、私も目がないんです

相手に同調する一言で、好感度アップ。

距離を縮めたい相手との雑談で、相手の好きなものを知るタイミングがあります。

そのとき、「私もなんです」という返しが咄嗟に出るといいですね。

心理学において、**「ミラーリング効果」**という有名なものがあります。**自分の言動やしぐさに同調する相手を好意的に感じる**というもので、ビジネスのみならず日常の人間関係、恋愛関係においても効果的とされています。

簡単なところだと、相手のうなずきに合わせて自分もうなずくことです。他にも、少し考え込むような話題で相手が首をかしげたなら、自分も「うーん」と軽く首をかしげてみる。「軽く」というのがポイントです。

というのも、**しつこくしすぎたり、相手が「真似されている」と気づいてしまうと逆効果になります。あくまで無意識下での好感度を上げるという認識がいいでしょう。**

なお、趣味の話題で自分が知らないのに「私もです」と言うのはやめましょう。

他にも

「旅行はいいですね。私も先日沖縄に行きました」

「健康には気を付けたいですよね。私も最近食べすぎちゃって…」

「それ食べるの？　じゃあ私も同じもの食べようかな」

IIKAE ZUKAN

75

2回目の食事に誘うとき

仕事力UP

また行きましょうよ

月替わりのメニューが美味しいみたいです

相手が行きたくなる情報をプラスします。

相手と親しくなるなら、2回目の食事にお誘いしたいところ。初回の食事会でよほど酷い雰囲気にならなければ2回目も企画していいでしょう。もちろんストレートにお誘いできる人は「また行きましょうよ」でいいですが、**相手が誘いに乗りやすい言い方をできるのも大人としてのテクニックです**。

同じお店なら「新しいメニューがある」、違うお店なら「トンカツの名店なんですって」など、相手側にもメリットがあることを提示できると、「それなら」と返事をしやすくなります。1度目の食事で相手の好みを知ることができたら、それに合わせたお店を選ぶのもいいですね。

2回目も和やかに会話がはずめば、3回目以降は理由をつけずストレートにお誘いできる関係になるはずです。**最初のうちは相手が行きたくなるような情報をプラスして誘えるとスマートです**。

他にも

・「前回の食事で伺った〇〇の話の続きが聞きたいです！」
・「おいしいお店があるようですが1人では入りづらくて、一緒にいかがですか？」
・「プロ野球ファンが集まるバーがあるみたいで、興味ありませんか？」

IIKAE ZUKAN

76

誘った相手に先約があり断られたとき

わかりました、大丈夫です

仕事力UP

またお誘いしますね

断られても後を引かず、さっと退きましょう。

誘った相手がいつでも都合をつけてくれるとは限りません。予定があったり、体調が悪かったりなど「行きたくても行けない」状況があるものです。「仕方ない」状況ですからそのままそう伝えてもいいのですが、**せっかくなら次の約束や今後の関係につながる言い方をしたいものです**。

断られたときの返しは、「さらりと軽やかに」。**断ったことに対して相手に罪悪感を持たせないためにも「次またお誘いしますから大丈夫ですよ」とフランクにお伝えして話題を切り替えるのがスマートな対応です**。

仕事の誘いではありませんから、「もしよかったら」のスタンスでいるのがお互いにとって良い関係を築くことにつながるでしょう。

1～2週間程度おいて再度お声掛けしてみて、それでも断られたら違うタイミングや方法を探ってみる方がいいですね。

他にも

・「落ち着かれたタイミングでまたお願いします」
・「では、また別の機会にご一緒しましょう」

IIKAE ZUKAN
77

相手の趣味の話を聞くとき

いつ始めたんですか？

仕事力UP

醍醐味はどんなところですか？

相手が話したくなるような“今”の話を
オープンクエスチョンで投げかけてみます。

会話をしていくなかで、相手の趣味の話になることもあります。自分も同じ趣味があるなら話は展開させやすいですが、よく知らない趣味だと当たり障りのない会話をするしかない……そう思う人もいるでしょう。

よくある相づちとしては「いつ始めたんですか？」「どのくらいの頻度ですか？」といったものになりますが、**この問いかけは答えが一言で終わってしまうので、会話のテンポがどうしても悪くなりがちです**。

相手の趣味に対する熱量や考えを聞きたいなら、一工夫してオープンクエスチョンになる言い方をするといいですね。

「どんな楽しみ方があるんですか？」「難しそうに感じますが、どうですか？」など**相手が語りたくなる質問にしてみましょう**。そこで相手が乗ってきたら、「そもそもどういうきっかけで始めたんですか？」と答えのテンポが良くなる質問を挟むことで、会話全体がはずむようになります。

他にも

・「どういうところが魅力だと思いますか？」

・「上達したときの喜びは大きいですか？」

IIKAE ZUKAN

78

「いい鞄をお持ちですね」と褒められたとき

そんな大したものではないですよ

仕事力UP

鞄がお好きなんですか？

投げられたボールは素直に受け取り、相手が振ってくれた話を広げてみましょう。

こちらから話しかけることもあれば、もちろん相手から話しかけられることも。うまく答えを返せたら、話しかけてくれた相手も喜んでくれることでしょう。

持ち物を褒められたとき、**謙遜のつもりで「いやいやそんな……」と返すと、会話が終わってしまうこともあります**。次回以降の雑談にも影響するかもしれません。**せっかく褒めてもらったのですから、投げられたボールを素直に受け取るのもコミュニケーションの一環です**。「ありがとうございます、気に入っているんです」などと言いながら受け止めると、相手も気持ちがいいでしょう。

そのうえで会話を広げるなら、鞄に着目した相手の目線をきっかけにするのはどうでしょうか。「鞄がお好きなんですか？」と返したり、もし自分の持ち物がマニアックなものだったら「これに気づくとは、お詳しいんですか？」と共通点を探ってみるのもいいですね。

相手から提供された話題には、できるかぎり乗って広げることで一体感につながります。

IIKAE ZUKAN

79

連れて行ってもらった飲食店が予想より高級店だったとき

お高いですね

仕事力UP

値打ちがありますね

金額を直接的に話すのは、野暮です。

先輩や取引先の人に食事に連れて行ってもらって、今までに見たことないような金額が並ぶメニュー表に目を丸くした経験はあるでしょうか。新社会人のときに似たようなことがあったという人もいるかもしれません。

価格帯の高いお店では、ある程度の品格も求められます。いくら驚いても、値段について言及するのは野暮というものです。

値段のことには直接触れず、料理や食材、お酒そのものの価値について感想を述べるのがスマートでしょう。「値打ちのあるお酒ですね」「立派なお料理で目からも楽しませてもらえます」など、価値があることに重きを置きます。

せっかく良いお店に連れて行ってもらったのでしたら、「美味しいです」「すごいです」というふうないつもの感想だけではもったいないですね。

いざという機会のために、日頃から語彙をストックしておきましょう。

他にも

・「今まで食べたことがない料理ばかりで、貴重な経験です」
・「忘れられない食事になりました」
・「○○さんが行きつけのお店だけあって、素敵な雰囲気ですね」

IIKAE ZUKAN

80

人を連れて行ったお店がガラガラだったとき

仕事力UP

いつもはもっと混んでるんですけどね

静かな日を引き当てるとは運がいいですね

イレギュラーな状況でも、
その“イレギュラーさ”を楽しめる人に。

お店の雰囲気にもよりますが、大衆店であれば他のお客さんがいないよりはいた方が安心します。自分から誘って選んだお店に人っ子一人いないと、「このお店、何かあるのかな……?」と相手に思われるかもしれません。

そんな状況でも言い方次第で雰囲気を大きく変えられるものです。

普段と違うお店の雰囲気なら、「珍しい機会に遭遇した」とも考えられます。確率の低い事象を引き当てたということで「○○さん、ラッキーですね」と相手を引き立てる言い方もできます。

また、大衆店だと周りが賑やかすぎて会話がしづらいことも多々ありますから、「ゆっくり腰を据えてお話しできそうですね」とその場の雰囲気を上げる方向にも持っていけるでしょう。

会食の場で「失敗したくない」「無礼があってはいけない」という気持ちが先行すると、粗が見つかりやすくなります。「今日はどんな話ができるかな」と前向きな気持ちを持てていれば、**よほどのトラブルがない限りどんな状況もプラスにとらえられます**し、会食の相手もそんな姿を好ましく見てくれるでしょう。自分の運を褒められるならなおさらです。

IIKAE ZUKAN

81

会食のあとにお見送りをするとき

お送りします

仕事力UP

途中までお送りします

帰路はプライベートとの境目なので、
相手を不安に思わせない線引きは大事です。

接待や会食後のお見送りの場面。相手との関係性によるところが大きいですが、いずれの場合にしても「最後まで見送りで着いていく」のは避けた方がいいかもしれません。

社屋やロビー、オープンスペースといった場所での打ち合わせ後なら、出入り口まで、エレベータ前までが一般的でしょう。親密な関係で話が尽きなければ建物の出口まで見送る人もいるかもしれません。

夜の接待や会食後となると、あとは帰路に就くのみです。いうなれば**プライベートとの境目ですから、相手の属性によってはあまり深く入り込み過ぎないのが賢明です**。「お送りします」だけだと、「この人はどこまで着いてくるつもりなんだろう?」と不安にさせてしまうかもしれません。

タクシーなら車が見えなくなるまで、電車なら駅の入り口あるいは話が弾んでいるなら改札までのお見送りがベストです。相手から「こちらで結構です」と言われたらスッと引きましょう。

IIKAE ZUKAN

82

相手に手土産を渡すとき

ぜひ召し上がってください

仕事力UP

私の地元にある老舗のおいしいお菓子です。ぜひ召し上がってください

意味を持たせて相手の興味をかきたてます。

この言い換えは、無意識に行っている人も多いのではないでしょうか。せっかく相手に手土産を渡すなら、デパートならどこでも買えるような定番のお菓子よりも、特別感のあるお菓子をうんちくと共に渡す。その方が、相手も喜んでもらえると実感を持っている人がほとんどでしょう。

実はこれは心理学の研究で裏付けられており、**「事前に付与された情報によってその後の行動に影響が出る」とされています。これをプライミング効果といいます。**

今回の例で言うと、お菓子を渡されるときの「私の地元」「老舗のおいしいお菓子」といった事前情報があることで、実際にお菓子を食べるときにそこへ意識が向くようになります。突き詰めると、「どのようにこのお菓子を味わってほしいか」という誘導を行なえるということです。

贈られる側も、意味のある贈り物には好感を持つことができるというメリットがあります。「つまらないものですが……」といった謙遜ではなく、相手の興味を引くような一言を添えてみましょう。

他にも

- 「○○に出かけたときにおいしそうなお菓子を見つけたので、ぜひ召し上がってください」

IIKAE ZUKAN

83

お酒の席で昔の話をするとき

私が若い頃は景気が良くて
良い時代だったよ

仕事力UP

**私が若い頃の上司で
こういう人がいてね……**

説教じみた武勇伝ではなく、
魅力的なストーリーを語れると楽しい席に。

すっかりお酒も回って場が温まってきた会食の終盤になると、「俺が若いときはさぁ……」と武勇伝を語り始める先輩が1人はいるものです。自分が知らない昔の話、さらに自慢話まで入ってくると対応に苦慮してしまいますよね。

そんな風に思っていた自分も、いつの間にか後輩ができて飲みに連れて行くようになると「若い子と何を話したらいいいんだ?」と悩む日が来るかもしれません。

昔の話をするときは、ストーリーの軸に据えるのを自分ではない人に変え、「歴史上の物語」として語って聞かせることができれば相手の反応は変わります。つまり、漫画や小説を読んでいるような気持ちにさせるということです。

話し手の技量は求められますが、世代も違ってその場にいなかった人を相手に昔話を語りたいなら、そのくらいの面白さはほしいところ。

自分が語りたいことを語るのではなく相手を楽しませる、少なくとも退屈させないような話し方は意識したいところです。

他にも

NG「俺は入社してすぐ部長に抜擢されて、売上額もすごかったんだよ」
↓「人望も頼りがいもある部長がいて、チーム全体の士気が高かったんだよ」

IIKAE ZUKAN

84

相手が触れてほしくない話題に触れてしまったとき

知らなかったもので、すみません

仕事力UP

気を悪くさせてごめんなさい

言い訳は無用。
すぐに、ストレートな言葉でお詫びを。

少し仲良くなってくると、相手のプライベートに踏み込んだ話題に及ぶこともあるでしょう。「親しき中にも礼儀あり」と言いますし、いくら仲が良くなってもすべてを知ろうと思わない方がいいこともあります。

ただ、中にはまったく悪意なく、相手が触れてほしくない話題を持ちかけてしまうこともあります。

そのときは、一切の言い訳はせず「気を悪くさせて申し訳ない」とお詫びを入れることです。「知らなくてごめんなさい」は謝罪しているようでいて、どこか言い訳めいているようにも聞こえます。知らないのはこちらの事情であり、謝るべき対象は相手です。謝罪は相手に嫌な気持ちをさせてしまったことにのみ向けましょう。

他にも、お土産で渡した食べ物が相手の苦手なものだったり、相手の趣味の話題を振ったらもうやめてしまっていたりしたときも、「しまった」と気まずい空気になってしまうことがあります。

そのときも「そうだったんですか、気を使わせてすみません」と一言お詫びをして、話題を切り替えましょう。**「苦手だ」と言う側も気を使うものですから、その点に配慮できるといいですね**。

IIKAE ZUKAN

85

相手の持ち物を褒めるとき

上品な鞄ですね

仕事力UP

○○さんが持つと上品に見えますね

褒めるときは
物ではなく「人」に着目しましょう。

ふと相手の持ち物が目に入ったとき、「素敵だな」と思ったなら言葉にして褒めると話題のきっかけになるかもしれません。

ここでポイントなのが、**褒めるときは物ではなく「人」に焦点を当てるといいですね**。相手がこだわりを持って選んだものなら褒められても嬉しさはあるでしょうが、「それを持っているあなたが素敵だ」という褒め言葉には適いません。

物は、言うなれば量産品です。物への褒め言葉は他の人にも言えます。けれど、人は2つとありませんからその人自身を褒めることにつながります。「あなたによく似合っている」「こんな風に着こなせるんですね」など、人と物の調和に着目した褒め方ができると他の人と一線を画すことができるでしょう。

一方で、**批判は人ではなく物に焦点を当てるといい**と言われます。上手に使い分けましょう。

他にも

ただし、相手の持ち物が一点モノ（オーダーメイド）の品だった場合は物を褒めることが効果的になることも。オーダーしたときのこだわりを聞いてみることで熱量の大きさを知れますので、それ以降も話題に挙げやすくなります。

仕事に直結するスキルである
プレゼントークの言い換え。
商品の魅力を説明するにも、
相手を場に引き込むにも、
自らの誠実さを示すにも、
言葉選びが重要です。

8章

プレゼンで使える！
相手の興味を引く言い換え

IIKAE ZUKAN

86

商品の魅力を説明するとき①

この商品の機能は
他社より抜きんでています

仕事力UP

この商品は高価格ですが、
機能面は他社の追随を
許しません

あえて自らデメリットも提示することで
信頼を勝ち取ります。

商品を採用してもらうために、自社商品の優れた点を伝えるのは大事なことです。商品の良いところを誰よりも自社の社員が知っているというのは、プレゼン相手にも安心感を与えます。

しかし、良いところばかりを伝えていると、だんだん疑いの目を向けられることも。賢明な人は「オイシイ話には裏がある」と知っています。**だからこそ、自社商品の優れた点と同時に問題点・課題も伝える「両面提示」を心がけるといいですね。「あと一押し」という手応えを得たときこそ、両面提示が有効に働きます。**

それは相手に対する誠実さを示すことにもつながります。取引相手でも同じ職場で働くチームメンバーでも、どちらか一方だけが得をする関係は長くは続きません。お互いが納得したうえで得をするWin-Winの関係を築くためには、目先の利益をとりに行かない事です。

あらかじめデメリットも伝えておけば、後からのトラブルも防ぎやすくなります。

他にも

・「かなり厳しい食事制限が必要ですが、1カ月での減量が可能です」

・「費用はかさみますが、アフターフォローはすべて対応します」

IIKAE ZUKAN

87

商品の魅力を説明するとき②

他社製品とは比べ物になりません

仕事力UP

他社製品とぜひ比較してみましょう

自社製品に自信があればこそ、
すべてを提示したうえで比較してもらいます。

両面提示法と似ていますが、**自信があればこそ他社製品との比較を勧めるべきです**。世の中のありとあらゆる商品には類似品があります。類似品があるからこそ消費者の選択の幅が広がり、競争が生まれ、よりよい利益を与えることができます。

プレゼンとは、自社商品を押し付ける場ではなく、ニーズとのマッチングを図る場であると言えます。人それぞれ異なるニーズがあり、そこに当てはまる商品と出会ってもらうための場です。

適切なマッチングのために包み隠さず商品の特性を提示し、比較検討する材料を提供するくらいの心の余裕がある方が、聞き手としても安心感を抱くでしょう。

それでプレゼンが通らなかったとしても違うニーズを持つ相手を探せばよいわけで、商品の価値が下がるわけではありません。そのくらいの心持ちで臨む方が気が楽ですし、自分がリラックスすることで相手も心を開きやすくなりますよ。

他にも

・「類似の製品と比べて○○が優れています」

・「この○○機能が他社製品にはない特徴です」

・「操作性・品質・価格の3点を比べてみましょう」

IIKAE ZUKAN

88

プレゼントークの導入をするとき

赤ちゃんのためのおいしい栄養食をご紹介します

仕事力UP

離乳食だけでは、赤ちゃんに必要な栄養素が不足しているとご存知ですか？

自社商品の話から入らず、
相手の興味を引けそうな話題をツカミに。

あらゆる商品は、消費者や取引先のニーズに応えるために作られています。課題を分析し、悩みが解消するように、手に取りやすいように研究や開発を重ねて作られた製品ですから、売り手としては商品のことを第一に伝えたい気持ちになります。

ですが、一度消費者の立場になってみましょう。いきなり知らない商品の具体的な話を始められても、なかなか前のめりにはなれないのではないでしょうか。

商品開発当時の気持ちを思い起こし、消費者が興味をそそられるような話題から入ることで、相手が「自分ごと」として耳を傾けやすくなります。

消費者が気になっていそうな話題、常識として語られている話の新情報、知らないと損をする話……プレゼンが成功するかどうかは最初の30秒で決まるという説もあります。相手の属性も考慮し、相手がどんなところに興味を持つのか。話の続きを聞いてもらえるようなツカミを考えてみましょう。

他にも

・金融商品の紹介→「20年後には年金の受給額がさらに下がるとご存知ですか?」
・運動器具の紹介→「デスクワークが多い人は、死亡リスクが1・2倍上昇するそうです」
・健康商品の紹介→「目にも紫外線対策していますか?」

IIKAE ZUKAN

89

商品の特性を印象的に伝えたいとき①

広々使えるマットレス

仕事力UP

大草原に寝そべっているようなマットレス

比喩表現を効果的に使うことで、
相手により強いイメージを伝えられます。

相手に何かを伝えるとき、シンプルな言い回しでも十分に伝わりますが、より強く印象付けたいなら工夫を凝らしたいところ。

そこで使えるのが**レトリック（修辞法）**です。レトリックとは、漢字で書かれる通り**「言葉をより魅力的に着飾るための表現技法」**で、古代ローマの時代から磨かれてきました。哲学者アリストテレスや、キケローといった人物もレトリックを用いた弁論術を学び、重要視していました。レトリックは修道院などで学ばれ続け、現代まで続いています。ちなみに、日本人好みのレトリック、欧米人好みのレトリックなど特徴があります。

ここでは、**「直喩《ちょくゆ》」**という最もオーソドックスなレトリックを使いました。**「〜のような」という言葉で2つの異なる単語を関連づけ、相手の脳内でイメージを強めるもの**です。よりシンプルに使うなら、「手のひらサイズ」「指一本分の厚み」など、多くの人の中に共通認識としてあるものを比較対象とすると伝わりやすくなります。

コラム

「レタス○個分の食物繊維」「触りたくなるような美肌へ」なども直喩を用いた表現です。直喩表現は、比較画像と一緒に紹介するとよりイメージがわきやすいです。

IIKAE ZUKAN

90

商品の特性を印象的に伝えたいとき②

きれいな美肌に

仕事力UP

透明感のある卵肌に

同じ意味でも、違う表現を使うことで
新しい価値観を提供します。

こちらも比喩を用いたレトリックですが、**「隠喩《いんゆ》」**と呼ばれる方法です。**まったく異なる2つの単語から、共通性・類似性を見つけてたとえるもの**です。

隠喩の効果の1つとして、**「聞き手に対して新たな側面に気づかせる」**というものがあります。今回の例だと、肌と卵には一見すると共通点がありません。しかし、どちらも「表面がつるんときれいで、透明感とハリがある」という点に最初に気づいた人がいて、人々の肌に対するイメージを想起させ、いまや定番の比喩表現となりました。

「きれいな肌に」「誰もが振り返る美肌に」という表現は正しく情報を伝えていますが、目新しさはありません。その表現を変えることで、**聞き手は新しい情報を得た気持ちになり、より価値のあるものだと感じるようになるのです**。

ただし、隠喩を思いつくかは「天賦の才」によるとアリストテレスは言っています。コピーライターの表現が優れているのはまさにセンスによるものですが、こうした知識があるだけでも表現の幅が広がるでしょう。

他にも

・「あなたの生活を手のひらに収める小さな宇宙」（スマートフォン）
・「一日の活力をチャージするエンジン」（エナジードリンク）

IIKAE ZUKAN

91

商品の特性を印象的に伝えたいとき③

仕事力UP

くよくよ考えてしまうのを
やめる方法

くよくよ考えてしまう人に
寄り添う味方です

問題解決に結びつくような効果を
親しみと共にイメージしてもらいます。

「擬人法《ぎじんほう》」というレトリックを用いた言い方です。物を人に見立てて表現する方法で、擬人法の効果の1つは**「親しみやすさ」の付与**です。

一説では、日本人と擬人法は相性がいいともされます。日本人の持つアニミズム精神（生き物以外の自然物にも魂が宿っているという考え方）によって、恐れを抱いたり、無機質に感じてしまう事柄に「人らしさ」が加わることで、身近で親しみのあるものに感じやすいのです。

今回の例文のように、ネガティブな悩みに対しての解決法を提示するとき、どうしても硬く、真面目に取り上げられがちです。**効果を保証するのも大切ですが、本当に手に取ってもらいたい相手に届けるなら親しみやすさも必要になるでしょう**。

レトリック表現を用いることで、内容をより良い印象をもって相手に伝えることができます。覚えておいて損はありません。

他にも

- 「靴はあなたと共に旅をするお供です」
- 「食いしん坊なロボット掃除機です」
- 「写真は語る」

IIKAE ZUKAN

92

商品の特性を印象的に伝えたいとき④

先延ばし癖を解消する方法です

仕事力UP

先延ばし癖を解消する薬です

物にたとえることで、
少しの「面白おかしさ」をプラスします。

「擬物法《ぎぶつほう》」というレトリックを使った表現方法です。先ほどの擬人化と反対に、人や人の行動を物に例える方法で、これも1つの親しみやすさを演出します。

さらに言うと、親しみやすさを通り越して「コミカル」「滑稽さ」の演出につながることもあります。

というのも、実を言うと擬物法は擬人法と比較するとネガティブなシーンで使われることが多いのです。「社会の歯車」という例が伝わりやすいでしょうか。人は物よりも尊いという考えがベースにあると、物に例えることで蔑みの効果を強めることもできます。

しかし、「○○界の生き字引」「劇団の看板」のように、**ポジティブな言葉と共に使えば権威を高めることもできますし、直接言うと角が立つことでもくだけた印象にすることができます**。「薬」や「処方箋」という表現は効能を感じられますし、有名なCMのフレーズ「ココロも満タンに」は不思議と温かみを感じます。

ポジティブに感じる単語をストックしておくと、いざというときに活用できますね。

他にも

- 「組織の潤滑油」
- 「社会と企業の架け橋」
- 「プロレス界のアイコン」

IIKAE ZUKAN

93

商品への興味を持ってもらいたいとき①

ぜひ今すぐお手に取ってください！

仕事力UP

少しでも迷いがあるなら、手に取るのはお勧めしません

行動を制限されるとかえって興味を持つという人の心理を突きます。

「反語法《はんごほう》」というレトリックを用いた言い方です。お笑い芸人の鉄板ネタに「押すなよ！　絶対押すなよ！」と言っている人を熱湯風呂に突き落とすというものがありますが、これも反語法の1つです。

反語法は**意図することとは反対のことを言うことで、相手の関心を引くという効果が期待されます**。

「怖いもの見たさ」という言葉があったり、「カリギュラ効果」という心理学で裏付けられた考えがあります。

人間の心理として、「新鮮な刺激を感じたい」「表に出ているものの裏を知りたい」「相手に禁止された行動をあえて取ることで、自由な選択をしたい」という欲求があり、反語法はこの心理を見事に突いたものと言えるでしょう。

注意点としては、**言葉では反対のことを言いつつも、表情や声色など別のところで本来の意図を伝える必要がある**点です。言葉通りにとらえられると誤解を招いたり、反感を買ったり、そのままスルーされてしまったりすることが考えられるので、やや技術を要する表現ではあります。

IIKAE ZUKAN

94

商品への興味を持ってもらいたいとき②

努力が結果につながらないのはなぜか？

仕事力UP

なぜあなたの努力は結果につながらないのか？

問いかけることで相手を「当事者」にして巻き込みます。

「呼びかけ法」というレトリックを用いた表現方法です。

「なぜあなたの〇〇は△△なのか？」といったタイトルがつけられた書籍を、結構な頻度で見かけたことがあるかもしれません。それほど一般化した表現方法ではありますが、こうしたタイトルづけがなされた書籍を購入には至らずとも手に取ったことはあるのではないでしょうか。

呼びかけ法は**「頓呼法《とんこほう》」**ともいい、**目の前にはいない何か（人や物、概念など）へ呼びかける表現方法**です。有名なところだと「おおロミオ！　あなたはなぜロミオなの？」というセリフが挙げられます。

問いかけ法を用いることで、**漫然としていた相手の意識を、当事者として向けさせることができます**。「自分のことを言われている」と思うと注意がそちらに向くことを期待したものです。

他にも

・「なぜあなたの部下は言うことを聞かないのか？」
・「なぜあなたの子どもの成績は伸びないのか？」
・「なぜあなたの部屋はいらないモノであふれているのか？」

IIKAE ZUKAN

95

商品への興味を持ってもらいたいとき③

仕事で結果を出す人にはルーティンがあります

仕事力UP

【問題】仕事で結果を出す人が必ず行うルーティンとは？

問いかけることで、答えの部分を相手に考えてもらい興味を引きます。

呼びかけ法と似ていますが、**問題形式にすることで相手の興味を引く**という方法があります。

テレビのクイズ番組をたまたま見かけて、1問また1問と考え、答えを見ているうちに最後まで観てしまった……という経験をしたことがある人も少なくないでしょう。

これは心理学の**「ツァイガルニク効果」**というものが関係しています。**人間は達成した事柄よりも未達成の事柄、中断された事柄の方が記憶に残りやすいというもの**です。

一気に読み終わった漫画よりも、連載途中の漫画の方が印象に残ることが多いのも、「続きはどうなるんだろう?」と意識が向く状態が続くためだと考えられます。

ですから、**言いたいこと、売りになるポイントそのものをズバッと言うよりも、クイズとして問いかける方が「答えは何なの?」と気になってしまいます**。

一時期流行っていた「続きはWebで!」という広告も、この効果を用いたものです。

ただし、問いかけの時点で相手の興味を引くことができなければ、このやり方は不発に終わってしまうので要注意。

IIKAE ZUKAN

96

商品への興味を持ってもらいたいとき④

損しない遺産相続の方法を教えます!

仕事力UP

遺言書と生前贈与、損しないのはどっち?

「気になる２択」であればあるほど、
効果的です。

クイズ方式の問いかけでもう1つ効果的なのが、**「2択式」**のクイズです。

これは「どちら」という選択肢が与えられているので、より答えやすくなります。

さらに、**2択の選択肢が悩ましいものであればあるほど、聞き手の関心を引きます**。

たとえば、子どもに残すべき遺産がある場合はできるだけ損をせず、多く子どもにお金を遺したいと思うでしょう。しかし、当たり前ですが死を何度も経験することはできませんので、具体的にどうしたらいいか初めからわかっている人はいません。でも、「遺言」や「生前贈与」という言葉自体は聞いたことがあるはずです。

言い換え前の表現も悪くないですが、言い換え後の表現であれば、より具体的に聞き手の悩みを狙い撃つことができます。

他にも

・「ビタミンDとビタミンC、風邪予防に効果的なのはどっち？」
・「持ち家と賃貸、お金が貯まるのはどっち？」
・「リバウンド知らずのダイエットに効果的なのは、運動と食事制限、どっち？」
・「安定した職業と自由なフリーランス、どちらが資産形成に有利？」

IIKAE ZUKAN

97

商品の多機能性を説明するとき

様々な機能が付いた最先端のスマホです

仕事力UP

孫とのテレビ通話も、思い出の記録も、お金の管理もこれ1台

具体例をリズムよく並べることで
印象にも記憶にも残りやすくなります。

「列挙法《れっきょほう》」というレトリックを用いた表現方法です。これは多くの人のイメージ通り、**関連するものをいくつかリズムよく並べることで説得力を持たせる**というものです。

「多機能なスマホです」と言われたところで、ガジェットに詳しい人ならともかく、何ができるのかピンとこない人がほとんどです。具体的ではなく抽象的な説明であるとも言えます。

ではそのスマホでできることを詳しくつらつらと説明すればいいかというと、それも冗長です。ただたくさん事例を並べても、印象に残らなければ意味のない呪文です。そこで、**列挙法を使うなら3点に絞るのが効果的です**。

2つでは少なく、4つでは多い。3つはリズムも良く、聞き心地も良いのです。3つのステップを段階的に表した「ホップ・ステップ・ジャンプ」、牛丼チェーン店吉野家のキャッチコピー「うまい、やすい、はやい」など、他にも印象的なものが多々あります。

他にも

・「遊びもグルメもショッピングも楽しめるショッピングモール」
・「色よし・味よし・香りよしの三拍子そろった新茶」

IIKAE ZUKAN

98

商品の耐久性をアピールするとき

とても頑丈です

仕事力UP

ハンマーで100回叩いても
壊れません!

少し大げさなくらいが、面白さが出ます。

「誇張法《こちょうほう》」というレトリックを用いた表現方法です。**物事をあまりに誇張して表現されると、おかしみが出てくる効果を狙ったもの**です。

このレトリックを使う際のポイントは、「さすがにそれは嘘だよ」と誰もが思う程度の表現を選ぶことです。たとえば今回の例で出している「ハンマーで100回叩いても壊れない」という売り文句は、防犯用に用いられる強化ガラスのものだとやや弱いと感じられるかもしれません。**「これは物事をオーバーに表現しているんですよ」と相手にきちんと伝わるような、表現の中にユーモアが求められます**。有名なものだと「象が踏んでも壊れない筆箱」「100人乗っても問題ない物置」などが挙げられます。

誇張表現の内容は真実ではないとしても、それだけ耐久性にこだわったという自信は聞き手に伝えられます。掴みとしては十分でしょう。

コラム

世界的ジーンズメーカー「リーバイス」の企業ロゴマークである「ツーホースマーク」は、ジーンズを2頭の馬が両側から引っ張っているというもの。これはリーバイスのジーンズの頑丈さを示しています。

IIKAE ZUKAN

99

商品の質感を伝えたいとき

おでん始めました

仕事力UP

寒い夜にハフハフと
頬張りたくなるあったかおでん

理屈よりも感覚に訴える方が
興味を引くことも。

オノマトペを用いた表現です。これもれっきとしたレトリックの1つ。
日本語には実に多彩なオノマトペがあります。「にゃーにゃー」「ぺちゃくちゃ」といった擬声語、「ざくざく」「どーん」といった擬音語、「さらさら」「ずっしり」といった擬態語、「ふらふら」「のっそり」といった擬容語、「いらいら」「わくわく」といった擬情語の総称です。

日本人に届けたいときは、商品のことを理屈っぽく説明よりも、感覚に訴える方が効果的な場合もあります。多くの人が共通イメージとして思い描きやすいものならなおさらです。実際に、お菓子や食品の商品名にはオノマトペが使われているものも少なくありません（「プッチンプリン」「ガリガリ君」「ぐんぐんグルト」など）。
直接体に触れるものや体の中に入るものなど、五感で感じ取れるような商品にはオノマトペが効果的といえるでしょう。

他にも

・「ぷにゅもち食感の新感覚スイーツ」
・「肌ざわり最高のさらさら生地」

IIKAE ZUKAN

100

商品の品質を約束すると伝えるとき

仕事力UP

確約いたします

お約束します

話し手が自ら責任を強めることで、
相手に安心感を与えます。

プレゼンでは、どれだけ言葉を操っても最終的には信頼感が決め手になります。

その信頼は話の聞き手から話し手本人に対してのものでもありますし、売り込んでいる商品、さらに言うと販売する会社に対する信頼です。

であれば、ここぞというときに使う言葉は、それに相応しいものを選びたいものです。「大丈夫です、任せてください」という言葉ではやや拙さが残り、聞き手としても踏ん切りがつかないかもしれません。

商品によって相手に利益をもたらすという自信だけでなく、トラブルが起きたとしても対応策や代替案が用意できるならなおさらです。**「何があっても弊社が責任を負います」と言葉を強めると、覚悟が伝わります。**

嘘をついたり、見栄を張るのは違いますが、自信があるなら少し演技がかったとしても、堂々と胸を張って言葉を紡ぐことです。

最終的には話し手の人柄が結果を左右することは少なくありません。**人事を尽くしたのなら、最後の一押しを自分の言葉で決めましょう。**

おわりに

本書で紹介したフレーズを見て、中には「相手のご機嫌をとっているだけじゃないか」と思う人もいるかもしれません。

しかし、それは悪いことなのでしょうか？　円滑に気持ちよく仕事をするためなら、時には相手を乗せる一言も必要です。不必要にいつもおべんちゃらを言うのではなく、「ここぞ」で相手の心を撃ち抜く言葉をかけられる人が、まさに「仕事がうまくいく人」です。

最初は慣れなくても、少し意識して言葉を言い換えてみてください。そうすれば、きっと相手も、そして自分自身もコミュニケーションが楽しくなり、それが仕事の結果にも表れるでしょう。

本書を通じて、あなたの仕事が〝もっと〟うまくいくことを願っています。

【主要参考文献】

・『〔例解〕現代レトリック事典』瀬戸賢一、宮畑一範、小倉雅明編著／大修館書店
・『身近なレトリックの世界を探る―ことばからこころへ』金田一真澄著／慶應義塾大学出版会
・『イラストでよくわかる　おとなの「言い回し」』ミニマル＋ブロックバスター著、磯部らん監修／彩図社
・『イラストでよくわかる　敬語の使い方』ミニマル＋ブロックバスター著、磯部らん監修／彩図社
・『イラストでよくわかる　おとなの作法』ミニマル＋ブロックバスター著／彩図社
・『好かれる人が無意識にしている言葉の選び方―仕事も人間関係も充実する58の言い換え例』中谷彰宏著／すばる舎
・『共感されるリーダーの声かけ　言い換え図鑑』吉田幸弘著／ぱる出版
・『言いたいことを、人を動かす〝ことば〟に変える　すごい言い換え700語』話題の達人倶楽部編／青春出版社
・『一生使えるポジティブ言い換え言葉　好感度も運気もあがる魔法の言葉選び』えらせん著／ワニブックス
・『ズルい言い換え事典　相手のNOをYESに変える』齊藤勇監修／日本文芸社
・『売れるコピー言い換え図鑑「ふ〜ん」が「これ欲しい！」に変わる』大橋一慶著／ワニブックス
・『世界最高の伝え方：人間関係のモヤモヤ、ストレスがいっきに消える！「伝説の家庭教師」が教える「7つの言い換え」の魔法』岡本純子著／東洋経済新報社
・『言い換えで、人生が変わる。』中谷彰宏著／青春出版社

仕事がもっとうまくいく！
ビジネス言い換え図鑑

2024年11月20日　第1刷

編　　者　おとなの語彙力研究会

発 行 人　山田有司

発 行 所　株式会社　彩図社
東京都豊島区南大塚3-24-4
MTビル　〒170-0005
TEL：03-5985-8213　FAX：03-5985-8224

印 刷 所　シナノ印刷株式会社

URL https://www.saiz.co.jp
X（旧Twitter）https://x.com/saiz_sha

ISBN978-4-8013-0745-2 C0030